UN217948

探究学舎の
スゴイ授業

子どもの好奇心が止まらない！
能力よりも興味を育てる
探究メソッドのすべて

Vol.1 元素編

探究学舎 代表　宝槻泰伸

方丈社

目次

はじめに

　2012年、探究学舎という名の「変わった塾」を始めた。最初は生徒数人、場所も図書館の貸し会議室、というなんとも心もとないスタートだった。それでも「子どもの心に火をつける」を徹底してやり続けたら、約5年で300人の子どもたちが通う教室になった。

しかも !!!

　春休みや夏休みには、北は北海道から南は沖縄まで、全国から親子が授業を受けにやって来る。ときにはヨーロッパやアジアから探究学舎の授業を受けるためだけに、わざわざ飛行機に乗って来る人もいる。年間の参加者は2,000人を超える。正直、僕もビックリだ。

　東京・三鷹にひとつしかない教室なのに、どうしてこんなに人気なのか？　実は……とてつもない進学実績を出しているから!!!!　ではない。むしろその逆。受験もやらなければ勉強も教えない。合格にも成績にもコミットしない。そのかわり、「知りたい！」「やりたい！」という好奇心を育てる探究型の授業を届けている。

　「子どもが輝く魔法の授業」と呼ばれることもある魅惑の授業。それを受ければ、勉強が嫌いな子も、人見知りする子も、不登校の子も、どんな子どもでも目がキラキラと輝き始めて、どんどん手を挙げ始める！　だからこの教室のファンになるのは、そんなわが子の姿を見たい保護者だったりする。もちろん、いわゆる「勉強」とは一味違う「探究」の魅力に惹きつけられた子ども自身も、たちまちファンになる。

いままで、ありそうでなかった「探究」という名のスゴイ授業。いったいどんな授業なのか？　その魅力とはなんなのか？　学校や塾の「勉強」とは何が違うのか？？？

その秘密の第一は、科目ではなくテーマで教えていることにある。探究学舎では、宇宙・生命・元素・医療・経済・歴史・芸術・ITなど、子どもの興味を育てるラインナップが用意されている。

その他の秘密については、読者が実際に授業を受けながら理解できるよう、本書では「元素編」という授業を収録した。どんな授業なのかはもちろん、その授業を通して子どもがどう変わっていくのか、また、どんな流儀やテクニックをもちいて授業がデザインされているのか、さまざまな角度から授業の解説を試みる。

幼児や小学生の子どもを育てる保護者だけでなく、アクティブ・ラーニングを研究している塾や学校の先生にも、きっと新しい発見があるだろう。素敵な子育て・教育ライフを送るためのヒントを、ひとつでも多く見つけていただけたらと思う。また本書の最後には、「探究という学びが従来の能力開発よりも、新たに興味開発に軸を置く理由」についてのインタビューを掲載させていただいた。教育改革が進む環境の中で、本当に大切な課題とは何なのか、どうすれば解決できるのか、著者なりのビジョンを記した。

それでは!!!

まずは「元素編」の授業ライブをご覧いただこう。参加するのは小1から中3までの約40名の子どもたち。学年が異なる生徒がいっせいに参加する授業。はたしてどんな展開になるのだろうか!?

装丁 イラスト	北谷彩夏
協力	宝槻昌則 村山礼
	「スイヘイリーベ〜魔法の呪文〜」(P.109) 作詞　アッシュポテト　作編曲　柿島伸次 歌＆演奏　かっきー＆アッシュポテト
写真 提供	iStock ゲッティ　イメージズ

探究学舎
「スゴイ秘密」

その1

「どんな授業をしているのですか？」

授業ライブ編

「先生がしゃべると、子どもが熱狂して地鳴りが起きる！」とまで言われる探究学舎の生の授業「感動の元素編」。今回はその全行程、1時間目から6時間目まですべてを公開します。さらに、宝槻代表みずから、子どもたちを熱中させ、学ぶ力をつけていく秘密を解説します。

みなさんは「元素」と聞いてどんなことイメージするだろう?

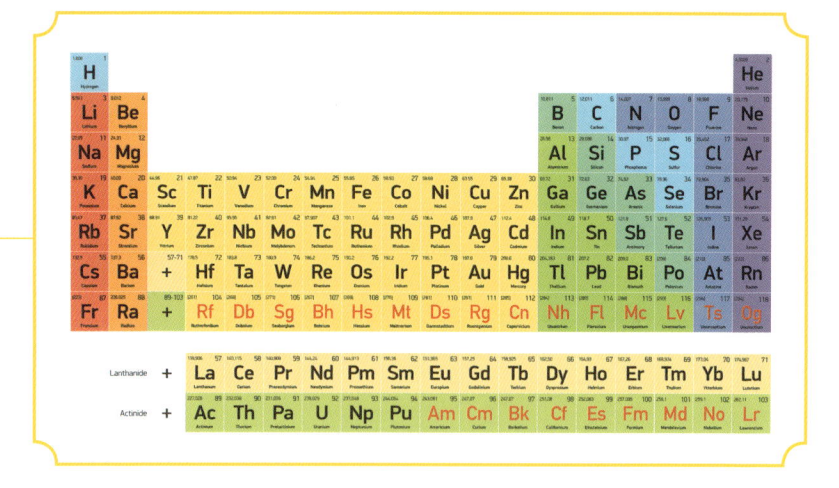

その1 「授業ライブ」編

このような周期表が頭に浮かんでくるんじゃないだろうか?

「スイヘーリーベーという歌だけはなんとなく覚えている……」「意味もわからず、元素記号を覚えさせられた……」「化学式を見ると気持ち悪くなる……」などなど。おそらく多くの人にとって元素はマイナスイメージ。実は何を隠そう、僕もそのひとりだった。「化学って、つまんね〜!」。そう思っていた。

化学嫌いの僕は大人になってから学び直した。知れば知るほど、それまでのイメージは180°ひっくり返った。いまではこう思える。

元素の世界はドラマティックだ! 人類の英知である「周期表」には「シンプル&エレガント」が宿っている‼ 美しい‼

こんなことを言うと、おかしい人だと思われるかもしれない(笑)。でも僕は心から感動した。もしも「元素」にうまく出会えれば、誰も

が感動すると断言できる。それは、私たちが住む世界そのものの秘密だからだ。奥深く、神秘的な秘密だ。

僕は幸運にも大人になってから「元素」に感動できたが、子どもの頃はそうならなかった。ならば自分の生徒には「最高の出会い方」を提供してあげよう。きっとこの感動を子どもたちと共有するんだ!! そんな情熱を抱きながら、元素編という授業づくりに取り組んだ。

ちなみに僕の塾は、まだ何も知らない小学1年生も混じる教室。果たしてそれができるのか。「難しすぎ」「むりむり」となるかもしれない。でも、やってみなければわからないじゃないか。挑戦しよう。壁は高いほうが面白い。

そして、結果からいうと、この挑戦は大成功した!!
周期表にこめられた美しさに小学生が感動し、元素愛に満たされた! 工夫した授業のおかげか、教室にはある種の「熱狂」があった。お手持ちのスマホで、どんな熱狂っぷりなのか見てほしい。

> **CHECK!**
> ▶ YouTube 『探究学舎　元素編』で検索！
> → https://goo.gl/h1JoR5

子どもたちは、いったいなぜ、元素に熱狂したのか？
ではでは、美しき元素の世界をめぐる魔法の授業の種を明かしていこう。「探究スペシャル　元素編」のスタートだ。

さあ、探究をはじめよう！

元素という世界の道案内をどこから始めるべきか？「元素」という言葉を聞いたことも「世界の素」というコンセプトをもったこともない子どもを、どこから攻めるべきか？

僕はまず、ダイレクトに「元素」という言葉から攻めてみることにした。タイトル画像をババーン!! と表示。

「さあ！ きょうから元素編がスタートだ!! みんな元素って言葉聞いたことあるー ??」

「う〜ん、知らなーい」

「あ！ オレそれ聞いたことある！」

とまあ、こんな感じでやんわりスタート。1 〜 2分やりとりしたところで問いかける。

Q.

元素って何？

まずはグループで元素について話し合ってみよう！ と指示。お互いに知ってることを共有させてみる。もちろん正しい知識が出てくることはほぼないのだが、目的はそこじゃない。ここで対話をすることにより「元素」という言葉やコンセプトが、「自分の関心事」へとぐーっと近づいてくるのだ。

「はい！ じゃあどんな話し合いになったか教えてー」

「えっとー、元素っていうのをくっつけると、いろんなものを作ることができる！ そういうやつ!!」

だいたいこういうときは、自信があるでしゃばりな子がでてくる（笑）。そして、けっこうポイントをついてくる。

「ほほ〜！ 元素ってくっつけることができるんだ！ じゃあ、あれも元素かな？ アッポーペーン!! PPAPの歌に出てくるアッポーペンは、ペンとアッポーをくっつけてるから、ペンとアッポーは元素だね!!」

（へぇ〜、そうなんだ）

何も知らないピュアな子は、なるほどという顔をしている（笑）。

「いや違うって！ ペンとアッポーは元素じゃない！」

「なんでなんでー？ だって、くっつけるといろんなものを作ることができるのが元素なんでしょ？ だったらペンとアッポーは元素じゃん！」

「いや、だからぁ!! う〜ん……」

　基本的に、問いに対してどんな回答が返ってこようと全力で受け取める。そして全力で攻める。切り返す。ここでの狙いは、誰も正確に元素を説明できないという状況を作り出すこと。そうすることで、「じゃあ元素ってなんなんだ?」と、心の注意が集まってくる。

> 授業というのは知識をベルトコンベアのように運ぶことではない。「う〜ん……」「なぜ?」「知りたい!」「わかりたい!」という子どもの気持ちがあって初めて授業は成立する。「知識のダウンロード」ではなく「心の体験」をつくることこそ大切だ。ときにはゆっくり、ときにはテンポよく、心の動きをきちんとつくり出して次の展開へと進める。

 「では教えよう。元素というのは『地球の材料』のことなんだ!」

元素 = 地球の材料

 (へぇ〜、そうなんだ)

 「そうそう! オレが言いたかったのはそういうこと!」

ここでは「すべての物質を構成する最小単位の……」などと正確な知識は扱わない。そんなことをしても「は？」「わからないヤダ！」となってむしろマイナス。だからサクッと「元素＝地球の材料」ぐらいに定義して、子どもの心理に「なんだそういうことか」という納得をつくる。その納得を足がかりに、すかさず次の問いを投げかける。

> **Q.**
> ## 地球の材料とは、具体的になんだろう？

　ここはテンポが重要なので、こんどはグループワークなし。こっちからヒントとなるアイデアを出してしまう。

「地球の材料といえば、空気とか石とか土とか水とかが思い浮かぶよね！ こういうのを元素っていうのかな？」

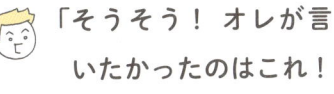

「そうそう！ オレが言いたかったのはこれ！ これが元素！」

　もちろんこれは、元素ではない（笑）。でも「地球の材料」と伝えたのだから、ここでいきなり「テクネチウム！」とか登場しようがない。繋がっている糸を確かめながらちょっとずつ。ときに間違えながら、紆余曲折経ながら、徐々にゴールへと近づける。まるで主人公がボスをめざして冒険するかのように。

元素＝地球の材料＝空気・石・土・水?? となったところで、「地球の材料となる元素をいくつか紹介しよう！」という展開へ。

まずは炭素、子どもにとっては炭。

金、誰にとっても金（笑）。

これは知らない子もいる銅。

そして、これらの元素は私たちの身の回りで使われていることを伝える。

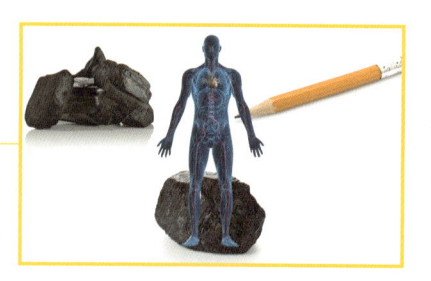

たとえば炭素なら、鉛筆の芯やBBQで使う炭になる。人間の体にも使われているんだよ！

金はわかりやすいね！ 金メダルとか金の延べ棒だ。ちなみに金は超高額で1gで5,000円もするんだよ！

銅は金と違って安いから、いろんなものに使われてるよ！

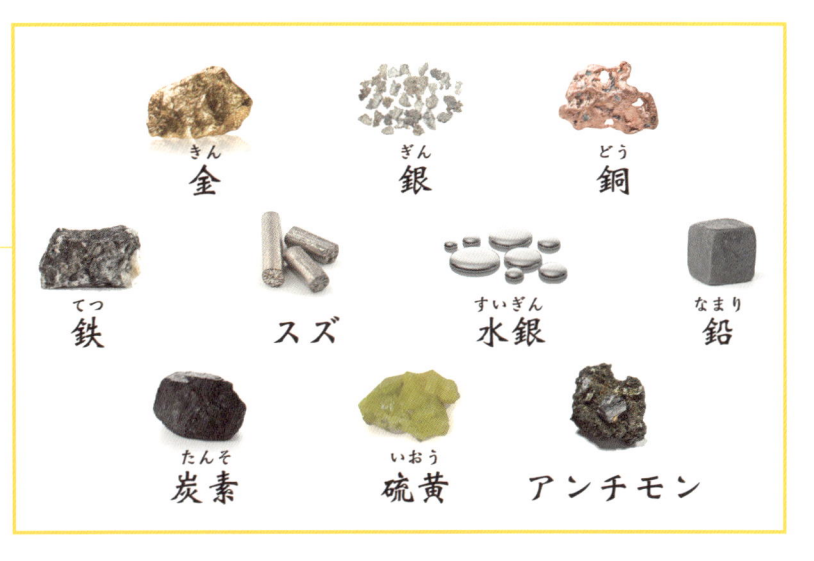

きん
金

ぎん
銀

どう
銅

てつ
鉄

スズ

すいぎん
水銀

なまり
鉛

たんそ
炭素

いおう
硫黄

アンチモン

　こうして、少しずつ元素の世界に子どもたちを連れ込んでゆく。そして10個の元素を紹介し終わる。

「では誰が一番最初にこの10個の元素の名前を覚えられるかな？ よーいドン！」

魔法の流儀：よーいドン！

「よーいドン！」という掛け声は面白いもので、ほぼ十中八九、何の説明もなしに競争を始める魔法の合言葉のようだ（笑）。一生懸命覚え始める子どもたち（ちなみにこの10個をとりあえず暗記させることが、2時間目以降の展開の布石となる）。

　ところで、なぜこの10個をピックアップしたか？ 実は古代より人間が発見していた元素がこの10個なのだ。

「アンチモンって元素はね、すりつぶして粉にして、エジプト人が化粧に使ってたんだよ」

　エジプトの壁画の濃いアイラインと眉毛は、アンチモンの粉を塗りたくって作られたもの。元素記号はSbだが、ラテン語のStibium（スチビウム）から由来し、意味は「眉墨」。こんな小話も入れながら古代の元素を手に入れた子どもたち。レベルアップ♪

　しかし、ここで中にはふと我に返る子どもも出てくる。

「ねえねえ、でもこの10個って、地球の材料って思えないんだけどー」

イエ───ス!! ザッツライ!! そうだよね!! 地球の材料って言うんだったらやっぱり水とか空気だよね! アンチモン?? こんなマニアックな素材たちが地球の材料って言われたってピンとこない!! その心の動き、待ってましたぁー!

「実は君たちが思う通り、この10個は地球の材料というより、身近にあるものぐらいにしか思われてなかったんだ。じゃあ昔の人は元素って何だと思ってたんだろう?」

ここで古代ギリシャ人登場。

タレス「すべての源は水だ!」
アナクシメネス「すべては空気からできている!」
ヘラクレイトス「火じゃぁ! 火が根源じゃあ!」
クセノパネス「いや、土じゃ。命はすべて土から生まれる」

ギリシャ人たちの熱きバトルが繰り広げられる。もちろん証拠なんてない。哲学者達が観念的にぶつかりあっているだけ。当然、子どもたちも「は!?」「バカじゃねー」「確かにそうかも」とそれぞれの反応。

「古代ギリシャ人たち、言い争ってるねー。さあさあ、このケンカいったいどうなるでしょう?」

場が盛り上がったところで、すかさず新キャラを投入。

知の巨人にして万学の祖

アリストテレス

「みな争うのはやめよ。元素は４つあるのだ」

　元素とは「火・空気・土・水」の４つであると彼は考えた。そしてこれを「四大元素」と呼び始め、熱き議論に終止符を打った！

> 正確には五大元素説を唱えたのだが、そこを深掘りするとややこしくなってしまうので、ここは四大元素を採用する。正確さはあとまわし。まずは心の体験、驚きと感動を提供する。

　アリストテレスの四大元素説は、現代人にとってはバカバカしい話でしかないだろう。しかし、当時の人にとっては画期的なプレゼンだった。どうしてだろう？

温　乾

湿　冷

地球上で親しみのある現象、温・冷・乾・湿。この4つの現象と四元素は互いに密の関係にある‼ とアリストテレスは説明する。火は温かくて乾いた性質があり、逆に水は冷たくて湿っている。こうした身近な現象と四元素は相性がとてもいいのだ！

さらに‼

「木は空気と水と土でできている」

木に傷をつけると水が出るし、燃やすと煙が出てくる。そして燃えた後には灰という土が残る。だから木は「水・空気・土でできているのだぁ‼」と説明する。

これだけじゃない。他のものだってすべて四元素で説明できるのだ！

「溶岩は火と水と土でできている」

溶岩は岩から出てくるから土の成分があり、火のように燃えさかり、水のように流れていく。このような感じで、身の回りのありとあらゆるものが四元素によって構成されるのだと、立て板に水のごとくに説明しつくすアリストテレス。

かくして!!!

四大元素というシンプルで強力な説得力にみんな拍手喝采！ こうして、地球の材料、この世を構成する素となるものは、四つの元素である！ という教義が打ち立てられ、常識となっていく。

 「なんか説得力がある……」

 「四大元素ってポケモンみたい♪」

> **CHECK!**
> # 四大元素＝火・空気・土・水

ここまでくると、子どもたちもその威力に圧倒される。「これ信じる人一？」という質問には、学年にもよるが、けっこうな人数が手をあげたりするものだ。確かにこの説明、直感的でわかりやすい。さっきのアンチモンとかよりはよっぽどましだ！（笑）

しかしこの説得力があだとなる。アリストテレス以降、人類は約2000年もの間、この教義から離れることができず、真実は闇に葬られたままとなる。もはや、誰かがその暗闇へと勇気を持って踏み込んで、真実を覆い隠したベールを拭い去るしかない。

そんなとき!!!

常識を疑い、真実の答えを見出そうと、ついに一人の勇者が現れたのだった！

近代科学の創設者

ロバート・ボイル

大人なら「ボイルの法則」で知っている人もいるかもしれない。いったい彼は、どのようにしてベールを拭い去ったのか!?

 ## 「空気について調べよう！」

彼は四大元素のうちの一つ、空気に着目する。ここで子どもたちにも元素について新情報を提示。

 「元素っていうのは、それ以上分けられないものじゃないとダメなんだ。金はどこまで細かく分解しても金。だから元素。じゃあ空気はどうなんだろう??」

 「もしかしたら、空気って元素じゃないのかなぁ!?」

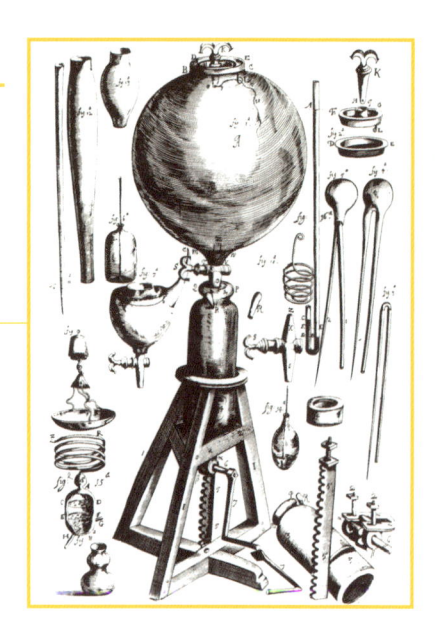

しかし空気が元素かどうか調べるといっても、いったいどうやるんだろう？ ボイルは空気を使ってある実験を試みる。いったいそれはどんな実験なのか？ まずはボイルが使った実験器具を見てみよう。

ほほー！ 何やらわけのわからない道具だらけ。いったい何をしたのやら。

実はこの実験器具は「真空」を作り出す道具なのだ！ 中央にある丸いのが瓶、その上にあるのがポンプだ。彼はこの器具を使ってすばらしいアイデアをひねり出す。

 ### 「空気について調べたいなら、"空気がない状態"を調べればよい」

なるほど。「空気があるとき」と「空気がないとき」を比べれば、たしかに「空気とは何か」を考える手がかりになる。議論ばかりしてた古代ギリシャ人たちとは違い、科学的発想のボイルさん。座布団一枚！

 「昔の人って、あったまイイ〜！」

そして彼は、人類で初となる真空実験を開始する。まず彼が観察したのが、真空状態にある時計だった。

「では問題！（ジャジャン！）真空の瓶に入れられた時計は、この後どうなったでしょーか？ グループで話し合ってみよー！」

注：瓶の中は真空と思ってください。

この質問により、子どもたちの頭はフル回転を始める。なぜならこの瞬間こそが、最高の学習体験に必要な、大切な流儀が発動された瞬間だからだ。ついにエンジン始動!! 子どもたちのリアクションもガンガンきたぞ!!

POINT!
魔法の流儀：「謎」が「問いかけ」られる。

そう！ 人間は、とくに子どもは謎が大好き！ 意表を突かれるような瞬間に、心そそられる謎が問いかけられれば、それはもう考えたくてしょうがないのである。実際に読者のあなたも問題を読んだ瞬間に「えっと、ちょっと待って、どうなるんだろう？」と考え始めたのではないだろうか？

しばらくすると、決まって、でしゃばりな、しかも男の子が手をあげて注目を集めようと動き出す。ちなみにこういうときの男子の

心理は、自信があるからではない。自分のアイデアに注目を集めたいから、ただそれだけだ（笑）。

「オレわかった!! 時計の針が逆回転を始める!!（ドヤ顔）」

出ました!! 珍回答その１：逆回転

「マジっすか!! 時計の針が逆回転ってことは、時間が逆向きに進んじゃってるよ！ ってことはどんどん時間が昔に戻ってる！ うわ！ やばい！ タイムスリップしちゃってるよー！ アインシュタインも驚きの大発見だぁ!!」

とまぁこんな感じで、子どものテンションを下げないように注意しつつ、珍回答を拾いあげる。この行動が呼び水となって、堰（せき）を切ったように回答が続出。

「あ!! わかった!! 時計の針が止まる!!（やっぱりドヤ顔）」

出ました!! 珍回答その２：停止

「逆回転かと思いきや、今度は針がとまっちゃった!! 真空には物を止める力があるってことか!? もしそうだったら空気のない宇宙に行った宇宙飛行士たちはカッチンコッチン、そりゃたいへんだぁ!!」

どうやら針の動きは関係なさそうだと悟り始める子どもたち。すると何を思ったか、こんな珍回答が炸裂する。

「これしかない‼ 爆発だ‼（ちょっとふざけてる）」

出ました‼ 珍回答その3：爆発

「ドッカ ————ン‼ って、おいおいおい！ 君は何を聞いていたんだい⁉ 真空に爆発させる力があるなら、やっぱり宇宙飛行士は宇宙に行った瞬間にドッカーンだぁ‼」

というわけで、正解は子どもたちからは出てこない。ではボイルはいったい何を見たのか？？

実は、正確には見たのではない、聞いたのだ。

「正解は、
時計のカチコチっていう音が聞こえなくなった！
でしたー‼」

ここで高学年が相手だと、だいたいこういうリアクションが返ってくる。

「あ——！ そうだった！ 音って、空気を伝わって聞こえるんだった！ そりゃそうだ！」

そう、音は振動、その振動を伝える空気という触媒がなければ音は伝わらない。その事実は、歴史的にはこんなふうに発見されたのだった。

ところで、なぜ子どもから正解が出てこなかったのか？ 勘のいい子ならわかりそうな問題なのになぜだろう？ 実はここには周到に

用意されたワナがあったのだ。思い出してほしい、問題の文章を。

「では問題！（ジャジャン）
　真空の瓶に入れられた時計は、この後どうなったでしょーか？
　グループで話し合ってみよー！」

　そう、子どもたちが問いかけられた謎は「時計はこの後どうなったか？」なのである。けっして「ボイルはどんな事実を発見したか？」とか「ボイルは何を聞いたか？」ではない。「時計がどうなったか？」なのである。

　つまりこの問い方は、手品師がよく使うような心理的トリックなのだ。「時計はどうなった？」の質問によって、人間の心理はボイルには向かず、時計にのみ意識が集中する。時計そのものの変化について考察を始める。だから「逆回転」「停止」「爆発」という推測がなされるのである。もし問題の内容が「ボイルが……」と主語を時計でなくボイルにしたらどうか。人間の心理は時計ではなくボイルに向かう。ボイルはどうしたんだろう？　と。そして答えがすぐに出る。

　しかしこれでは面白くない。確かに答えに対して一直線ではあるが「魅力的な謎」でなければ、子どもたちの頭はフル回転にはならない。「わかんなーい」とか「こんな感じー？」とかけっこう冷めた感じで終わる。そして誰か知識のある子が正解を言って終了。要するに場が動かないのだ。

　しかし、答えに対してストレートではなく、カーブを投げたらどうであろう？　あの騒ぎである。

「時計はどうなったか？」

なんと想像力を駆り立てられる質問だろうか。ああかもしれない、こうかもしれないとアイデアが湧いてくる。しかも正解を伝えられた後の、知識を持った子どもの悔しそうだこと。そうやって悔しいと思った気持ちが、知識（この場合は音と空気の関係）をより意識の底へとすり込むのである。

学校の教師の世界には「発問」という言葉がある。これはつまり、授業のどのタイミングでどんな質問を発するか？ という授業デザインのための専門用語だ。この視点は大変に重要で、質問の言葉遣いやその順番が違うだけで、場が動いたり動かなかったりする。企業研修の世界やワークショップの世界で活躍する「ファシリテーター」と呼ばれる人がいる。彼らもまた、次にどの質問を投げかけるべきか、そこに一点集中することがよくある。それくらい「問い」は重要だ。人間の思考を左右し、場を支配する。

さて第１問が終了したところで、次の質問。

 「実験器具の中に、生き物を入れたらどうなると思う？」

時計の結果に驚いたボイルは、新たな実験を行なう。「空気がないところで、生き物はどんなふうに飛ぶのだろう？」と考えて、まずはミツバチを入れてみることにした。

さすがにこの問題には子どももワナにはハマらない。「うわー、かわいそう！」とか言いながら、ミツバチは空気が吸えなくて死ぬ！　と一直線に答えを出す。確かに空気がないと呼吸ができなくて苦しくなる、という知識は日常的に体験できるので幼児でも知っていたりする。一方で、空気は音を伝える、これはなかなか体験できない。知識のレベルがひとつちがうのだ。

しかしボイルにとっては、これもまた驚くべき結果だった。そのくらい当時の科学的知識というのは貧相なものだったのだ。きっと変なふうに飛ぶミツバチを想像していたら、突然死んで、裏切られた‼　という気持ちだったのだろう。

しかしボイルは納得しない。小さい体だったからでしょ⁉　でかい生き物ならきっと死なずに変な飛び方を披露してくれるだろう‼　そう思ったのか、今度は小鳥を閉じ込める。

「虫ならまだ許せるけど、これは許せない‼」

うん、その気持ちわかるよ！　でも生物学的にはミツバチも鳥もどちらも命、ライフなんだけどね……（苦笑）。

こうしてボイルは実験を重ね、空気の性質を明らかにする。時計、生き物につづいて、ロウソクを入れる実験も行ない、最終的に空気の性質についての3つの結論を得た。

「① 空気は音を伝える」
「② 空気がないと生物は死ぬ」
「③ 空気がないと火は消える」

　さて、話の流れは四大元素という教義をどのように打ち倒すかだった。その難題に立ち向かったボイル。では、ボイルの発見はどんな効果をもたらしたのか??

　四大元素説をぶち壊す！　という程度の衝撃は与えられなかったものの、この発見によって多くの科学者が「空気」について興味を示すようになる。そして科学者たちは、どうやら空気は単純に1つではなく、大きく分けて4つの種類がありそうだ！　というところまでたどり着く。

「固定空気」　　　　「燃える空気」

（ブラック）　　　　　　　（キャンベンディッシュ）

「有毒な空気」　　　　「火の空気」

（ラザフォード）　　　　　（プリーストリー）

　さて、いまでは耳慣れない4つの空気の名前。それぞれいったいどんな空気（気体）だろうか？

ここで !!!

　ついに元素編初の「実験タ ── イム♪」。やっぱり科学なんだから実験しなくちゃね！ というわけで、子どもたちの眼の前で4つの空気をそれぞれ発生させるという実験を敢行!! さっきの科学者たちが発見したどの空気と対応するか推理してみよう！ というワークを実施した。

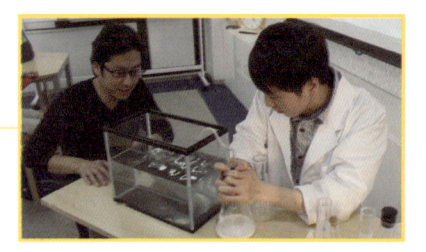

一生懸命、4つの空気を生成する僕たち（笑）。

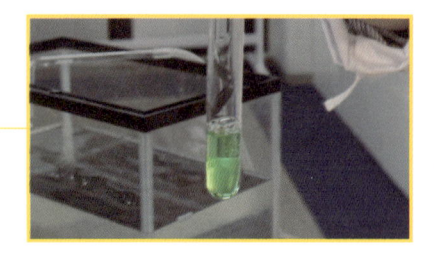

3番の空気は、謎の緑色の液体から発生しているぞ！ いったいなんだこれ!?

10分ほどかけてようやく空気の生成に成功。この難問に正解者は出るのか!?

　もちろん科学者たちが名づけた空気の名前がワケワカメなので、4つの空気がどれかを当てるのは難しい。それでも子どもたちは楽しそうだ。重要なことは当てることではなく、4つの空気の正体に

好奇心を注がせること。そうやって十分にひきつけた後で、それぞれの性質や正体を明かせば、子どもの心にはしっかりと印象づけられる。

　ちなみに1から順に、酸素、二酸化炭素、水素、窒素である。この実験でとくに重要なのは、水素に火を近づけると爆発すること、そして酸素に火を近づけると力強く燃えること、この2つの知識を学ばせておくこと。これが2時間目の布石となる。

　いくつかのやり取りを経て実験終了！ 答えは以下の通り。

「固定空気＝**二酸化炭素**」

（ブラック）

「有毒な空気＝**窒素**」

（ラザフォード）

「燃える空気＝**水素**」

（キャンベンディッシュ）

「火の空気＝**酸素**」

（プリーストリー）

さて、こうして空気とはいろいろな種類があることが判明し、四大元素説にほころびが出始めた‼ 四大元素の一角、空気は「これ以上分解できないもの＝元素」という定義に反することになったからだ‼

しかしこの一撃だけでは、長年信じ続けられた教義は打ち砕かれない。もっと大きな衝撃、痛恨の一撃を加えなければ……偉大なる四大元素説を打ち砕くことはできないのだ‼ では誰が⁇

そんなとき‼

常識を疑い、真実の答えを見出そうと、再び勇者が現れたのだった！ 偉大なる一撃を与えたのはこの人。

近代化学の父

アントワーヌ・ラボアジェ

化学という世界の扉を初めて開いた人物、そして科学界に燦然とその名を残した人物、アントワーヌ・ラボアジェである‼

「四大元素は間違っている！」

　彼は誰もが納得せずにはいられない、四大元素は間違いである証拠を突きつけた‼ はたしてその証拠の内容とは?? それはどうやって手に入れたのか??

Q. 四大元素説を打ち砕く証拠とは？

　さあ、読者のみなさんも「この後どんな展開になるのか！？」と気になってきたはず。なお、１時間目の授業はここで終了（笑）。やみつきになるテレビドラマはいつもちょうどいいところで終わって視聴率を稼ぐもの。

 「次回は、新キャラ続出！ スターたちが登場するぞ〜！」

　２時間目へとつづく。

解説

1時間目の冒頭で「元素＝地球の材料」という定義を伝えるシーンがあった。ここで疑問に思った人がいるかもしれない。なぜなら「宇宙の材料」とすることもできるし、むしろそのほうが「正しい」からである。ではなぜ「地球の材料」にしたのか？

まず「元素＝宇宙の材料」とすると、何が起こるだろう？ 子どもの心の中が「???」でいっぱいになる。宇宙の材料と聞いて、ピンとくる人がどれくらいいるだろう？ 星・銀河・ブラックホールが何でできているか？ あまりにも壮大すぎて一瞬思考が停止してしまう。

つまり宇宙の材料としてしまうと、説明しなければならないことがとたんに増えて、思考のリズムが悪くなってしまうのだ。

一方で地球の材料であればイメージが湧きやすい。海、陸、雲、森、と小さな子どもでもイメージが湧いてくる。ということは親近感を持ちやすい。すなわち導入にとってはふさわしい選択といえる。このように、質問の仕方、説明の仕方のひとつひとつが、驚きと感動の授業を作り上げる大切な要素になってくる。

また「アリストテレスが四大元素説を唱えた」のくだりに対して疑問を感じた人もいるだろう。なぜならこの説明は「正しくない」からだ。大まかにはそうであっても、正しくはない。正しくないことを教えていいのだろうか??

一般的に「正確な知識をきちんと身につけさせること」が授業の役割だと考える人もいるが、必ずしもそうではない。なぜなら、授業（教師）の役割は興味を喚起することであり、正確な知識を身につけるのは本人の課題、だからである。もし授業を通して「知りたい!」という気持ちが芽生えれば、後は本人が自分の力で正しい知識を身につける。だから正確さは多少犠牲にしても、子どもの興味が

湧く演出にこだわらなければならない。僕はそう考える。

　新しい世界に人を案内してそのすばらしさに魅了されてほしいとき、正確さという道（一直線の近道）を選んで案内することほどヤボなことはない。それよりも「この先に何があるんだろう？」とワクワクドキドキする曲がりくねった道を選ぶべきだ。そうなれば相手のほうから「早く連れてって！ あの先の景色を見たい！」となる。

　科学でも歴史でも、その道の専門家になると、たくさんの知識を手に入れることになり、知識のひとつひとつが愛らしくなる。だから専門家が授業をすると「正確さ」というものが非常に重要なものとして扱われるようになる。
　もしその授業の相手が、上級者、たとえばその道の専門家を目指そうという人であればこれはいい。しかし、相手が入門者の場合はダメだ。何が面白いのか、どういうところがトキメキポイントなのか、入門者というのは、それをズバリ知りたいものなのだ。だから、ポイントだけをズバーンと伝えるとことが重要で、そのためには細かな・正確な・枝葉の知識はバッサリと切り落とす。シンプルなプレゼンを心がける必要がある。

　さらにいえば、専門家だって最初に入門した頃は映画や漫画、小説などからスタートした人がほとんどのはず。歴史はとくにそうだが、演出を加えられた物語に触れるからこそ「面白い！」と思える。その感動体験を得るからこそ、専門家への道も始まるというものだ。

　驚きと感動の入門体験を提供する場合はとくに、「正確さ」についてはきちんと方針を立てて扱っていかなければならない。

古代ギリシャ人が打ち立てた四大元素説。この教義を討ち倒さない限り、元素の真実はベールに覆われたままとなってしまう。そんなとき‼ 偉大な一撃を加えて科学の扉を開いたのが、フランスの科学者アントワーヌ・ラボアジェである。

近代化学の父

アントワーヌ・ラボアジェ

ラボアジェは四大元素説が誤りである動かぬ証拠を突きつけた。それはいったいどんなものだったのか?

 **「四大元素は間違っている!」**

そんなストーリーから始まる2時間目。でも、実際の授業は前回の振り返りから始まった。

「この元素の名前は!!??」

 「ハイ!! 金!!」

 「じゃあ、この元素は!!??」

 「ハイ!! 炭素!!」

　前回紹介した10個の元素（古代から知られていた物質）について、子どもたちはすでに画像と名前を脳内で一致させ始めている。10個の元素についてはビシバシと手が上がる教室。そこで間髪入れずに取り組んだのが、こんなゲーム。

必殺!!!「元素かるた」

POINT!

魔法の流儀：オリジナルゲームで熱狂させる。

　子どもたちは元来、競争するのが大好き（内発的やる気）な生き物だ。さらに勝利に対してのご褒美も大好き（外発的やる気）な生き物だ。この2つの心理が刺激される体験に対して、子どもは熱狂する。そこで「元素かるた」なる教材を用意することにした‼

※ちなみに優勝すると賞金がもらえるシステムになっている（笑）。

　実はこの「元素かるた」というデザイン、もっといえば、ひとつひとつの元素をカードにしておくというデザイン、これこそがこの授業の革新的なアイデアなのだが、その意図・理由については時間が経つにつれて浮かび上がってくるだろう。

元素かるたは写真のように元素の写真と名前がプリントアウトされている。このカードを取り合う。

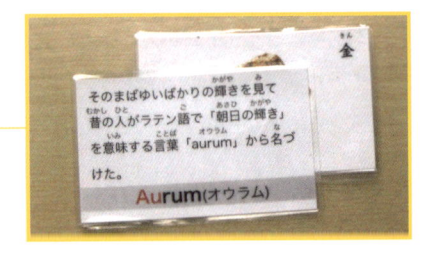

読み手は、写真のような別のカードを読み上げる。

たとえば、「そのまばゆいばかりの輝きを見て、昔の人がラテン語で『朝日の輝き』を意味する言葉『Aurum』から名づけた」などと読み上げられたら、すかさず金をバ ── ン！と取る。こういうゲームだ。

楽しそうに取り組む子どもたち。しめしめ（笑）。

後ろにいるのは保護者チーム。この元素かるたを家庭でも取り組んでもらうために、保護者にもその楽しさを味わってもらう。

POINT!

魔法の流儀：親も一緒に探究する。

　さて、この元素かるたにはいくつかの仕掛けが施されている。そう！「元素記号の由来」である。みなさんは「なんで金の元素記号がAuなんだよ!? GoとかGにしろよ!!」と思ったことはないだろうか？元素名と元素記号がまったく関連がないために、ますます科学嫌いが増えていく、その厄介な問題を、われわれは元素かるたという最強のゲーム教材で克服することになるのだった！

こうして、まずは先週覚えた10個の元素でかるた大会を楽しむ。ひっそりと元素記号も擦り込みながら。あとは次の段階で30枚のかるた大会にレベルアップ、そのまた次の段階で60枚のかるた大会にレベルアップ、とステップを踏むことで、子どもたちは自然に60個の元素知識を手に入れるというわけだ。

> このときのポイントは、手に入れた知識が次の展開で使える！ というユーザー体験にある。よくできたロールプレイングゲームには必ず組み込まれたルールなのだが、こうすることで子どもは知識というアイテムを手に入れたい！ となる。10個の元素を覚えれば、かるた大会で勝てる！ 次の大会に向けて30個だ！ というように。これこそが自発的に詰め込む姿勢を促すテクニックなのだ。

10枚のかるた大会で感触を作り、いざ本編のストーリーへ。

 # 「水について調べよう！」

18世紀の偉大な科学者ラボアジェは、ボイルとは違い、水について研究した。彼は実験を通じて水が2種類の異なる気体に分解できる（酸素と水素）だけでなく、それを結合して再度水を作ることができることを知っていた！ さらにラボアジェは、その実験を通じて一度失われた水の量と、再度生まれた水の量はピッタリ同じになることも突き止める！ つまり水は完全なる合成物（元素はそれ以上分けられないモノでなければならないので、これが水は元素ではない決定的証拠となった）であり、そのプロセスには完全なる調和、すなわち「質量保存の法則」が成立することを発見するのだった！

そしてこの水が酸素と水素に分解され、また再結合されるという事実こそ、四大元素を打ち砕く、偉大な一撃となったのだった!!

ではなぜラボアジェは、そんな大発見をできたのか？

まず、ラボアジェは貴族で大金持ちだった！（笑）

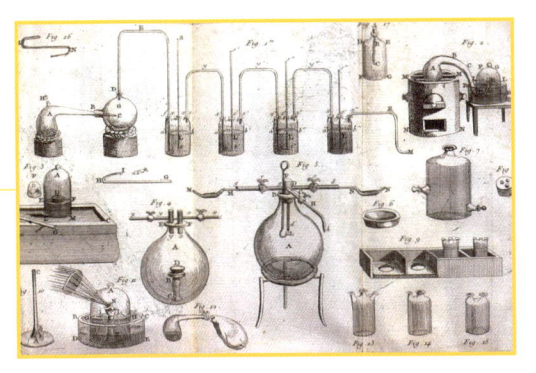

なので、精密な実験器具をじゃんじゃん購入できた。

さらにラボアジェには美人で優秀な妻がいた！（笑）

彼女が実験助手となり、大発見を支えた。まったく、現代も中世も男が成功を手にするために求めるものは変わっていないのか!?　いずれにせよ、こうして四大元素は「金と女」というパワーを持ったラボアジェによって崩れ去る。世界を構成する元素の座は、もはや、たった４つの物質にのみ与えられるものではなくなった！

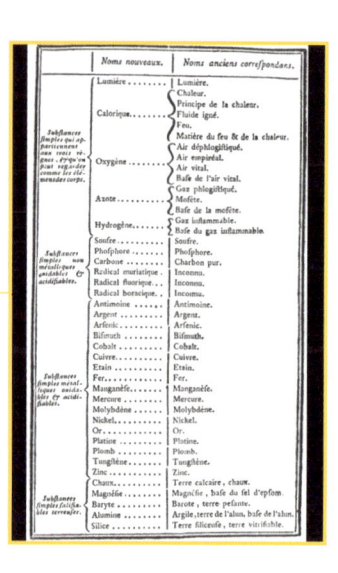

ラボアジェはそれまでの科学者たちの研究結果をまとめて、元素の表を作成する。日本語に訳したのが下の表。

よくある元素	光、熱素、酸素、窒素、水素
非金属の元素	硫黄、リン、炭素、塩酸基、フッ酸基、ホウ酸基
金属の元素	金、銀、銅、鉄、スズ、鉛、水銀、白金、亜鉛、ヒ素、マンガン、ニッケル、コバルト、アンチモン、ビスマス、モリブデン、タングステン
土の元素	ライム、マグネシア、バリタ、アルミナ、シリカ

　光や熱など、元素ではないものも表には含まれていたが、赤字にした23個の元素は実在する元素である。ついに、広大なる元素の世界の扉が開かれた瞬間であった。

　まるで堰を切ったように、科学の世界に新発見が次々と生まれる。次に登場するのは、画期的な道具だった。

電池の発明家

アレッサンドロ・ボルタ

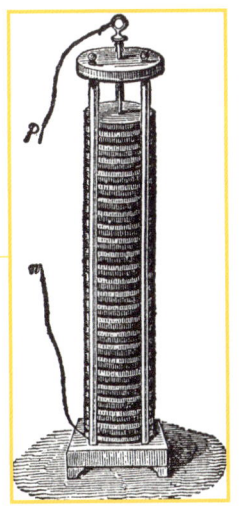

　そう！ 電池である‼ 元素と電池は一見関係ないように思えるかもしれないが、この電池こそが元素発見の究極のアイテムなのだった！

　のちに電圧の単位「ボルト」の由来ともなったアレッサンドロ・ボルタは金属板を組み合わせた不思議な構造の電池を発明する。

　「なにこれ！ ヘンな電池〜！」

　そう、確かに現代人にとってはヘンな電池。性能も超ショボイ。しかし、このヘンな電池に注目した天才が現れる。その不思議な力を徹底的に使って、科学界にその名をとどろかせたスターが登場！

科学界のスター

ハンフリー・デービー

　現代ではそれほど知られていない人物だが、当時は大スターだった。実際に彼のサイエンスショー・講演会のチケットはまたたく間に売り切れた。

　では、なぜそれほどに人気だったのか？ 実はデービーはボルタが発明した電池を改良し、強力な電池を作り上げた。そして人々の目の前で物質に電気を流して元素を取り出すという、魔法のようなショーを繰り広げたのだった！

「電気の力で元素を発見するぞ！」

これがデービーが作った改良電池。強力な電力で、さまざまな物質を分解して元素を取り出すことに成功した！

デービーが発見した新元素は、次の6種類だ！

ナトリウム　　カリウム　　マグネシウム

ホウ素　　カルシウム　　バリウム

　デービーは電気の力を利用することにより、たったひとりで、いくつもの新元素を発見する。長い科学の歴史の中でもデービーは元素の新発見数でナンバーワンだ。こうして元素は気体や個体、液体などのいくつかのバリエーションがあること、色や形もさまざまであることがわかってくる。

　元素のストーリーはここでひとくぎり。子どもたちも手に汗握る展開？ に釘づけだ。

そして予定通り、この時代に発見されていた約30の元素を自然な流れで紹介することに成功！

POINT!

魔法の流儀：「自然な流れ」が人を引き込む。

この自然な流れというのがとっても大事。それに比べて学校の授業はなぜあんなに「唐突」なのか!? そのことを知りたい、もっと深めたい、そんな学ぶ側の心理はおかまいなしに、教える側の都合が優先されすぎてはいないだろうか。もちろん突然事件がやってくることもあるが、自然な流れとともに展開がある。これが優れた脚本の基本だ。

そして来週実施される3時間目では、30枚のかるた大会があることを告知。子どもたちの元素への情熱が少しずつ膨らんでいく。

 「さてみんな！ ここでとっておきのアイテムを紹介しよう！」

ここで、この元素編のために仕込んでおいた核弾頭を炸裂させ、一気に元素愛を育てる作戦に出る。

元素標本セット!!! お値段54万円(税込)!!!

　いやぁー、これはヤバイっしょ。ビビるっしょ。値段もすごいけど、実際に元素を目で見て肌で感じられるんですよ？ ウランとか放射性元素も入ってるんですよ？ まじヤバイ。

まずは前回紹介した10個の元素の瓶を渡して観察させる。この時点ですでにテンションはマックス！

「金がある‼ ねえ、これちょうだい！」

「馬鹿野郎！ それより銅と鉛の重さを比べてみなよ」

「うわああ！ 鉛ってすごい重い‼」

こんな感じで子どもたちは大興奮だ。つづいて、カルシウムやマグネシウムなど本日紹介した元素標本も次々と渡していく。すると、ここで予想していないことが起こる。

「わあああ！ 何この元素！ すっごいキレイ‼」

「どれどれ！ うわ‼ 本当だ！ 超キレイ‼」

どうやら、あるひとつの元素に子どもたちの注目が集まっているようだ。

「どれどれ〜？」

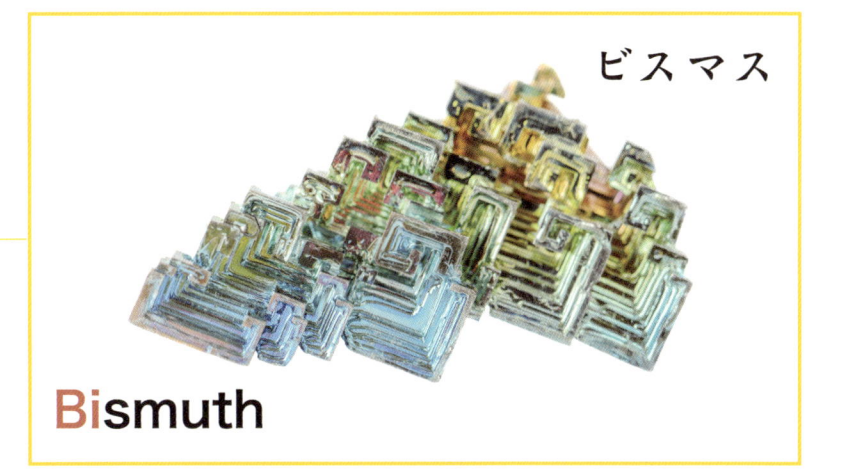

ビスマス

Bismuth

　近づいてみると、そこにあったのはなんとも不思議な形をした美しい元素だった。

　たしかに、これは美しい!!

　このビスマスというのは、たとえば超高電圧ケーブルの材料などに使われる元素なのだが、虹色の輝きとその不思議な形状が魅力の元素。なお、この形状は人間が削って作っているのではなく、自然にこの形になるのだ!! 子どもたちが注目するのも納得。ただ、そのときは気づかなかったが、やがてこのビスマスへの反応が、子どもたちを熱狂から発狂の渦へと巻き込む切り札となるのだった!!

CHECK!

▶ **YouTube**「ビスマス　熱狂」で検索！

➡ **https://goo.gl/XpGkpE**

　さて、しばらく元素標本を観察して元素愛をたっぷり醸成したところで、本編へのツッコミ開始。

「さっきのデービーが電気の力で元素を見つけたって話、にわかには信じがたいよねぇ？」

「なんで電気で元素が見つかるのか、よくわかんない！」

　そう、物質に電気を流すと元素が取り出せるという話、なんとなく「そんなものか」と受け入れられる話ではあるが、ツッコミどころ満載のネタである。そこで、実験開始!!

電気で分解してみよう！

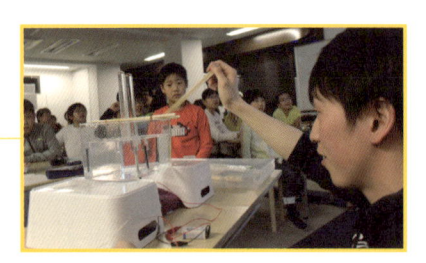

　電気の力で水を分解する、巷で話題の例のアレ。水の電気分解実験（そのまんま）だ！ プラスとマイナスの電極を水に突っ込むだけという簡単な実験だ。さあ、はたして水は本当に分解されるのか!?

　するとビックリ!! 電極からそれぞれ勢いよく気泡が飛び出ている!! なお左の電極から勢いよく発生しているのが水素、右の電極からは酸素。実際にしばらく集めると、水素の量は酸素の2倍になる。まさにH_2Oの証拠なのだ！（この時点では子どもにはわからないので、授業ではこのネタは扱わない）

さて、水の電気分解は水素と酸素を一定量集めるのに少し時間がかかる。そこで実験器具は放置しておいて、次の話題に。

「ボルタのつくったあの電池、あれで本当に電気が起こるのか疑問に思わなかった!?」

「あの電池、見た目がおかしかった！」

というわけで、今度は電池づくりの実験へ。

ボルタ電池をつくっちゃえ！

子どもたちに配ったのは、1円玉と10円玉。これを積み重ねてボルタ電池を作ってみよう！ というミッションに、子どもたちの反応は「はあぁぁ〜!? ウソでしょ〜」

実際にボルタが作った電池は、亜鉛板と銅板なので、ほぼ再現することができる。なお、どうやって電気が起こるのかくわしい仕組みを知りたい、または自分もやってみたい！ という方は「ボルタ電池　作り方」で検索！

こんなもので電池が作れるわけないじゃん！ と、はじめはみんな半信半疑。しかし、注意深く1円玉と10円玉を積み重ね、LEDライトを接続してみる。

表情は真剣そのもの。
実験は「意外性」が重要なのだ。

そしてついに‼ 本当に明かり
が灯って、見学している保護者
もビックリ！

「俺にもやらせろぉ～」と教室は大興奮だ。しかし心は大興奮でも、
頭は冷静だったりする。

「元素と電気にはどうやら関係がありそうだ。でもなぜ？」という
疑問がこのあたりで湧いてくる。しめしめの展開。そしてこの疑問や
好奇心こそが重要で、元素編の後半で扱う原子構造への伏線となる。

Q. 元素と電気にはどんな関係があるのか？

　電池作りで興奮冷めやらぬ教室だが、水の電気分解実験の結果を
見なければならない。

「さあ、みんな！ 今度は試験管に溜まった空気の中身を予想し
よう！」

もうすでに元素の魅力を知り始めている子どもたちは、すでに図鑑や本を読んできている子も少なくない。

「知ってる！ 水素と酸素でしょ！」

「じゃあ、この空気が水素と酸素かどうかを確かめるにはどうしたらいい？」

　そう、この問いを有効にするために、1時間目の最後に空気実験をしておいたのだ。あのときはポカンと見ているだけの子どももいただろう。しかし、あの実験が伏線となり、この実験で回収される。こうした体験が、子どもの心に新鮮な喜びを運んでくるのだ。

「試験管に火をつければいい！ 爆発したら水素で、たくさん燃えたら酸素！」

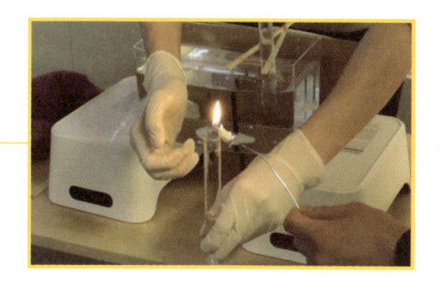

　子どもたちに予想させ、実際に実験で確かめる。もちろん予想適中で子どもたちも嬉しそう。これにて電池と元素の探究はおしまい。

　ということで授業は3時間目へ。次のテーマは「元素の仲間わけ」。無秩序に思われた元素たちの中に見えてくる秩序とは??

Next Q.
元素にはどんな「仲間わけ」があるのか？

解説

　1時間目と2時間目の授業では、実験による連携プレーが生まれた。また2時間目で登場した元素かるたが、今後の新たな連携プレーを生み出す画期的アイデアであることに触れた。こうした連携プレーはなぜ重要なのだろうか??

　優れた漫画の特徴として、「伏線と回収」という構造があげられる。読者が「この人物は何者だろう?」「このセリフにどういう意味があるんだろう?」と心理的な引っかかりや好奇心をもつ描写、これを伏線という。そしてその後の展開で、「そうか! そういうことだったんだ!」とタネあかしをする描写、これが回収。この「伏線→回収→伏線→回収」というリズミカルなループが優れた漫画の基本形だ。そしてこの仕組みは授業にも十分に応用できる。応用することで、「次を知りたい」という欲求が自然と湧いてきて、無理のない流れるような授業を設計できるのだ。

　しかし多くの場合、この仕組みが利用されていない。「では次のページへ」「ではきょうは○○について」と授業の展開が唐突なのだ。自然な流れも意外な流れもない。つまり、生徒の「知りたい!」という動機、「次はどうなる!?」という興味、そういったものを十分にかき立てることのないまま、教える人本位・カリキュラム本位の授業進行となってしまうのだ。こうなると、生徒に主体性は生まれない。

　この2時間目でも「伏線→回収」の仕組みが何度か登場している。例えば、ボルタやデービーのストーリーが伏線となっている。「金属板で電池発明!」「電気の力で元素発見!」というショートストーリーの提示が伏線となり、「本当かよ?」「なんで?」という心の引っかかりを生んでいる。

そして実験を通して心の引っかかりを回収する。「本当だ！」「確かに！」という納得をつくることで、しっかりと疑問という伏線が回収されるのだ。そしてさらに、授業の後半の回収（原子の構造）へ向けて、次なる伏線（電気と元素の関係の謎）が埋め込まれている。

　こうやって人の心を動かしながら進む授業、それこそが"心の"アクティブ・ラーニングなのだ。知識を単に並べるのではなく、その並べ方や順番に気を使うことで躍動感のある授業が生まれる。

周期表の美しさを感じる旅の中盤戦、子どもたちにはすでに30個の元素を紹介してきた。

読者のみなさんは、写真だけでいくつの元素を特定できるだろうか？（←できるわけがない！ 笑）

これはもう大人気の元素！ すべての子どもの心をワシづかみにしたビスマスちゃん。

続いてこちらも美しい元素。ベリリウム、というのは別名エメラルド！ 美しい緑の宝石は元素そのものだったんですね。

これは塩素。実際にはこんなに黄緑色ではないのだが、「黄緑色のガス」ということなのでデフォルメされた画像を使用。

この塩素は第一次世界大戦のときに毒ガスとして使用されたほどの強力なガス。ところがこのガスの中にナトリウムを入れると、バチバチッと燃え始めて塩（塩化ナトリウム）が出てくるらしい！ 確かに塩は塩化ナトリウムというけれど、強力な塩素に強力なナトリウムを入れると、親しみのあるお塩になるなんて、なんとも不思議!!

「先生はこの実験をどうしてもやってみたくなって、『まぜるな危険』って書いてある洗剤をまぜて塩素を作ってみたんだけど、そしたらマジで超臭くなってヤバかった！ みんなは絶対に真似しちゃダメだよ!!」

「えええええぇ！ そんなことしたらダメでしょ！」

子どもからのツッコミを受けつつ、まずはかるた大会でアイスブレイク。

子どもたちには30枚のカードを配布してあったので、やる気のある子は家で修行を積んできている。さらにこのときの優勝賞品はビスマスにしたため、壮絶な奪い合いに（笑）。

ハイテンションの子どもたちに、熱気に包まれる教室。これで準備はオッケー！ ここから怒涛の元素ワールドが幕をあける。

「みんなかなり元素を覚えてきたね！ ではここで重要情報を教えよう。元素っていうのは一見バラバラに見えて、実は仲間に分けられるんだ。チームといってもいい。どの元素と、どの元素が仲間になるんだろうね!?」

「あ！ きれいな元素と危険な元素に分かれるとか??」

「お〜〜！ なかなか鋭い意見だね。じゃあ紹介しよう。実はこの2つの元素が仲間なんだ！」

ナトリウム　　　　カリウム

「あ！ わかった！ 2つとも『リウム』だからだ！」

「たしかに！（笑）でもほら、リウムって、つくのはたくさんあるよ、ヘリウムとかベリリウムとかね。このナトリウムとカリウムは水に入れると恐ろしいことが起きちゃうんだ！」

　この元素は「アルカリ金属」といって、水に入れると爆発する（正確には反応する）という性質を持っている。その他、ルビジウムやセシウムも同じ性質を持つ仲間なのだが、この「爆発チーム」を最初に紹介することで、子どもたちのエンジンを一気に全開に持っていこうという作戦なのである。

そして!!!

　見事にこの作戦は的中する！ 元素の爆発チーム（アルカリ金属）にどんどん魅了される子どもたち。教室は「熱狂」を通り越して「発狂」の様相を見せ始める（笑）。実際の授業の光景を撮影した動画があるので、ぜひご覧いただきたい。

CHECK!

▶ YouTube「爆発元素　熱狂」で検索！
→ https://goo.gl/joWbhs

ルビジウム　　リチウム　　セシウム　　ナトリウム　　カリウム

こうして、強烈

な印象とともに、「爆発チーム＝アルカリ金属」を心に刻んだ子ども
たち、この流れで一気に他のチームも紹介していきたいところなの
だが、ここでもうひとつ、元素の面白シャワーを浴びてもらうこと
にした。

「この爆発チーム、めちゃくちゃ面白いでしょ！ 先生もハマっ
ていろいろと調べてみたんだけど、そうしたら面白い事実に遭
遇したんだよ！ このルビジウムとセシウム、もともとはギリ
シャ語で『ルビドゥス』と『カエシウス』って呼ばれていたん
だけど、意味を調べるとこうなんだ」

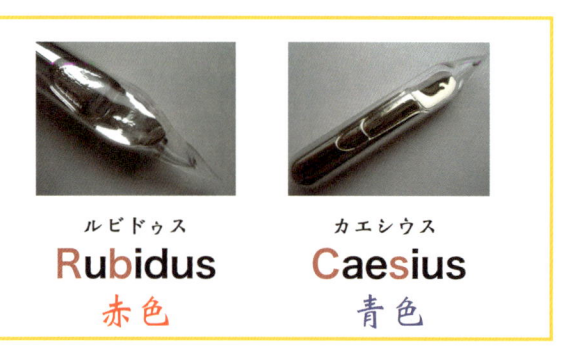

ルビドゥス
Rubidus
赤色

カエシウス
Caesius
青色

「え——‼ なんでなんで⁉ ぜんぜん赤でも青でもないじゃ
ん！」

「でしょ！ どっちも銀色なのになんでこんな名前がつけられた
んだろう？ この秘密、知りたくない⁉」

「知りた ———— い‼!」

魔法の流儀：好奇心を徹底的にくすぐる。

こうやって子どもたちの知的好奇心をくすぐりながら授業を進めるのがコツ。教えたいことを教えるのではなく、自分が驚いたり感動したことを子どもたちが知りたくなる方法でシェアする、そういう感覚で授業を進める。

「ではこの秘密を教えてくれる達人を紹介しよう!!」

分光分析の達人

グスタフ・キルヒホフ

そしてもう1人！

ロベルト・ブンゼン

「分光分析」といっても、ほとんどの人がピンとこないだろう。子どもたちも同じ。でもこの分光分析というキーワードが、秘密を解く手がかりなのだ！

> ここで「分光分析」というキーワードをポンと置いておくのが伏線。授業が進行するにつれて「なんだそれ？」という疑問が解決されていく、つまり伏線が回収されていく。

「ブンゼンバーナーじゃ！」

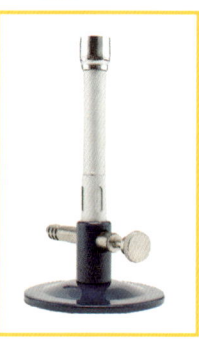

　ブンゼンというのは、理科室で誰もが見たことがあるであろうバーナーの生みの親。このバーナーを使ってさまざまな元素を燃やしてみた。すると不思議‼　元素によって、炎の色が異なるのだ！

「おお！」

（吹き出し内）
おお！ ／ カルシウムじゃ！ ／ キルヒホフ ／ ブンゼン
おお！ ／ ナトリウムじゃ！ ／ キルヒホフ ／ ブンゼン
おお！ ／ タリウムじゃ！ ／ キルヒホフ ／ ブンゼン
おお！ ／ カリウムじゃ！ ／ キルヒホフ ／ ブンゼン

「みんな、これ信じられる!? 緑の炎とか見たことないよね!? 実際に実験してみよう！」

　ということで「炎色反応実験」へ。赤やオレンジはそこそこのリアクションだったが、やはり緑の炎に対しては大歓声が上がる。とどめの一撃は「この元素の力を使って作られているのが花火なんだよ！」の一言。「そーなのか!?」と子どもたちも驚きを隠せない。しめしめ（笑）。

「ところでさ、キルヒホフって何も仕事してなくない??」

「そうだよ！ ただ『おお！』としか言ってないじゃん！」

「だよね（笑）。実はキルヒホフはこの後に超重要な仕事をしたんだ！ それがこれ。『分光器』というアイテムを使って、この元素の炎をのぞきこんでみたんだ！」

分光器というのは19世紀の発明品で不思議な機械。光を分解する機械で、簡単にいうと虹を作る機械のようなもの。とても変わった機械だ！

キルヒホフはこの不思議な機械を使って、元素の炎をのぞいてみた。そう！ 先ほどのバーナーでタリウムを燃やしたときに出る、あの緑の光をのぞいてみたのだ！ すると、緑の線が一本だけ見える。

「**緑の炎だから当たり前か。
よし、他の炎ものぞいてみよう**」

キルヒホフは、今度はオレンジの光を放つ、ナトリウムの炎をのぞいてみた。するとどうだろう!?

キルヒホフ　ブンゼン

先ほどのタリウムとは異なるパターンが現れた！

「こ、これは、どういうことだ!?」

今度は、赤い光を放つ、カルシウムの炎をのぞいてみた。

キルヒホフ　ブンゼン

するとまたしても異なるパターンが現れた！

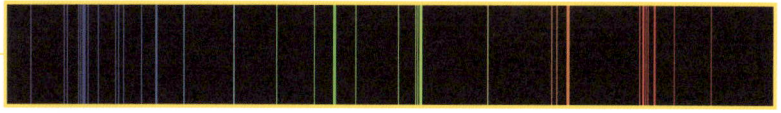

「これは、ま、まさか!?」

これはカリウムを燃やしたときに見えるパターン。

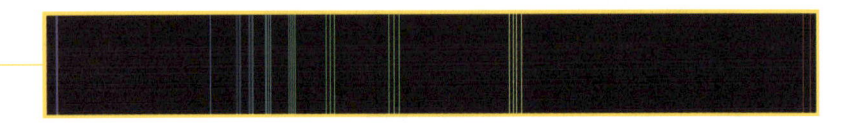

これはチタンを燃やしたときに見えるパターン。

なんと不思議!!! それぞれの元素によって、見えてくるパターンが違うではないか! まるで、元素が放つ「光のバーコード」だ!!

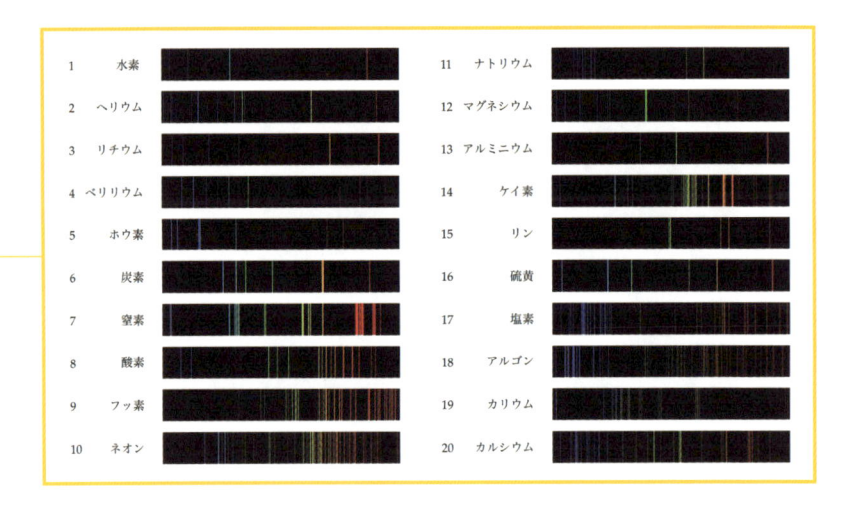

1	水素	
2	ヘリウム	
3	リチウム	
4	ベリリウム	
5	ホウ素	
6	炭素	
7	窒素	
8	酸素	
9	フッ素	
10	ネオン	
11	ナトリウム	
12	マグネシウム	
13	アルミニウム	
14	ケイ素	
15	リン	
16	硫黄	
17	塩素	
18	アルゴン	
19	カリウム	
20	カルシウム	

そう! 元素は燃えたときに固有の光を放つ。その光を分解して見たとき、「燃やす元素の種類によって光のバーコード模様が変わる」、キルヒホフはこの事実を発見したのだ。

ということは!!!

　いままで「見たこともない光のバーコード」を見つけることができれば、それは新元素発見と言えるのではないか??　このテクニックを用いて発見された元素、それがルビジウムとセシウムなのである。

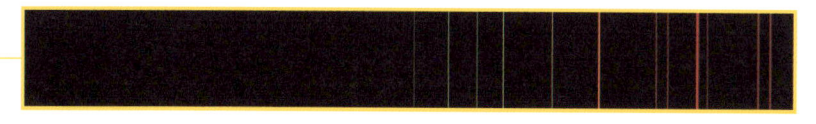

「これは Rubidus（赤色）と名づけよう」

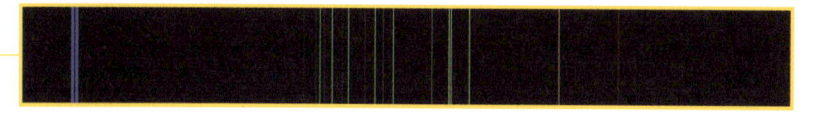

「これは Caesius（青色）と名づけよう」

　確かにルビジウムのバーコードは赤色だし、セシウムのバーコードは青い。こうした現象がシンプルにその名前になったのだ、と言われれば納得ものだ。

「へぇ〜〜!!」

「光のパターンで発見するなんておしゃれ！」

　赤と青の語源の謎はひも解かれたが、実はここからが面白い！

キルヒホフが発見したのは「燃やす元素の種類によって光のバーコードが変わる」という事実。これは逆に言えば「光のバーコードを見れば、何の元素が燃えているかがわかる」ということだ。この発見こそが、宇宙の謎を次々と解き明かす手がかりとなっていく！

「これで、宇宙の秘密を
解き明かせるぞ!!」

どういうことなのか??　実は大昔から「宇宙を構成する材料については知ることができない！ あきらめよう！」というのが科学者の常識だった。だって、太陽に行って、太陽の材料を持ち帰るなんて不可能だ。アリストテレスは「宇宙を構成する物質こそ第五の元素だ！」と言うくらいで、宇宙はまったく異なる材料・異なる原理で成り立っていると思われていた。

しかし !!!

結論から言えば、この宇宙を構成する物質も、地球とまったく同じ物質、すなわち同じ元素から成り立っていたのである!! この大発見を成し遂げるための手がかりこそが「光のバーコード」だったのだ。

科学者は、分光器と望遠鏡を組み合わせ、星の光の分析に取り組んだ。するとやはり、星の光の中にも光のバーコードが現れたのである。そしてこのバーコードをよく見ると、その中に確かにひとつひとつの元素の痕跡が確認できるではないか!!

天文学者、鳥肌 !!

　これは地球から見て最も大きく光り輝く星、ベテルギウスの光の
バーコードだ。

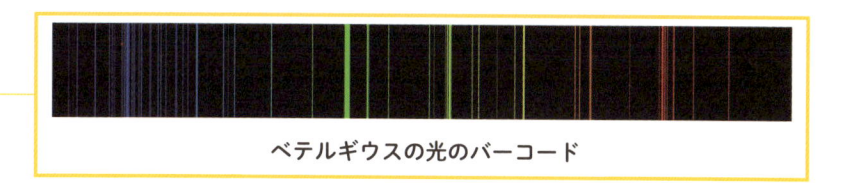

ベテルギウスの光のバーコード

　このバーコードを注意深く観察すると、3つの元素のバーコード
が確認できる。つまり！ ベテルギウスはナトリウムとマグネシウ
ムとカリウムの3つの元素から構成される星なのである !!

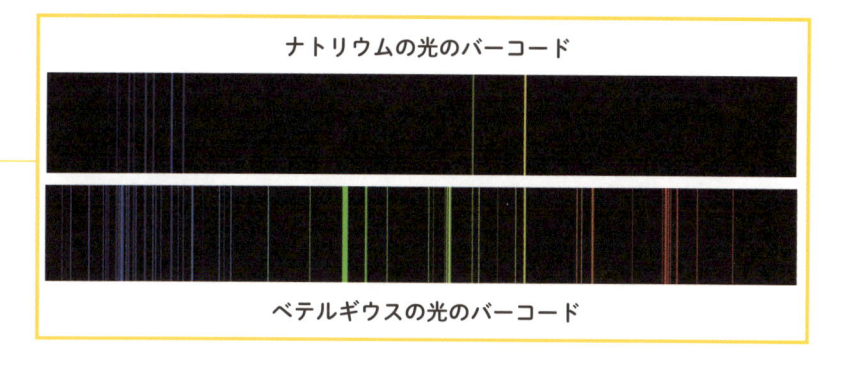

ナトリウムの光のバーコード

ベテルギウスの光のバーコード

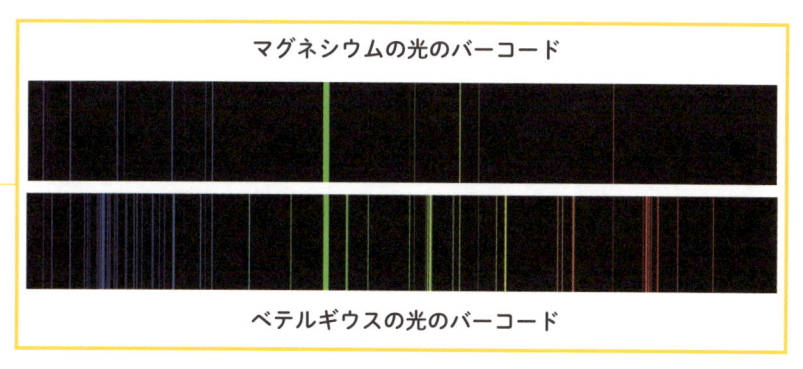

マグネシウムの光のバーコード

ベテルギウスの光のバーコード

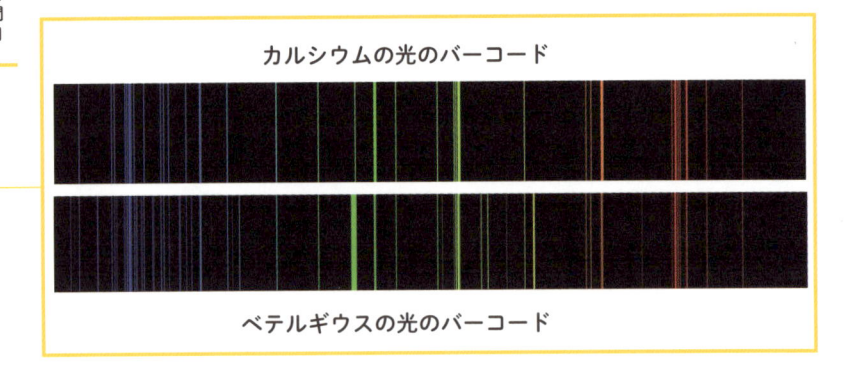

カルシウムの光のバーコード

ベテルギウスの光のバーコード

「ちなみにこの方法をつかって、星を構成する元素はいまではかなり正確に解明されている。たとえば太陽はこんな感じ！」

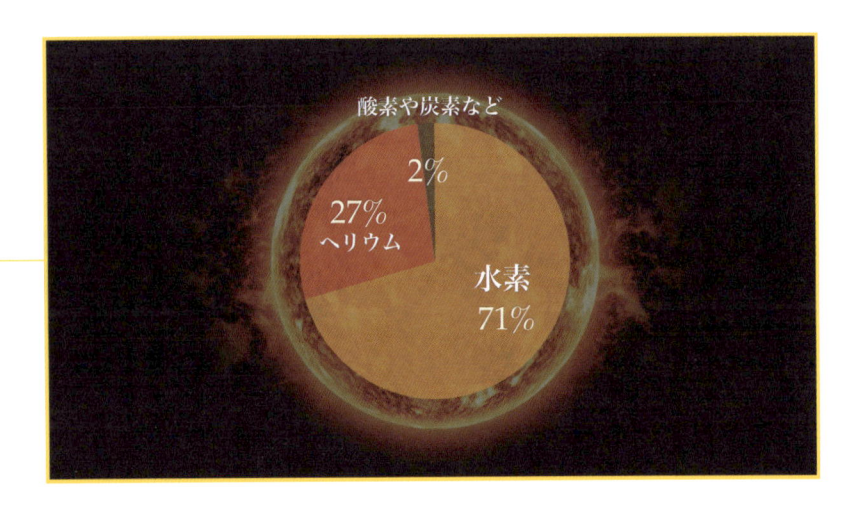

酸素や炭素など

2%

27%
ヘリウム

水素
71%

「へぇー！！すごい！！」

　さて、宇宙の謎も解き明かしてしまうほどの光のバーコード。本当にそんなものが見えるのか!?　と疑い深くなる読者もいるだろう。それは生徒も同じ。

「みんな本当にこんな線があると思う!? 実際にこの目で見たい人!?」

もちろん全員の手が上がる。そこで、用意したのがケニス株式会社製の簡易分光器！

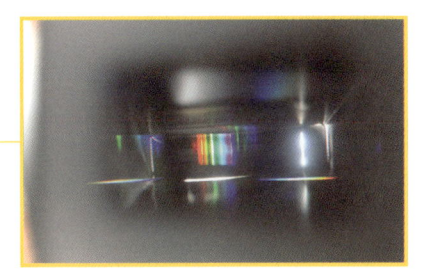

なんだこんなもの！ と思うかもしれないが、厚紙と偏光フィルムだけでできたシンプルな作りなのに、光のバーコードがよく見える!!

太陽の光を見てみたり、蛍光灯や白熱球の光を見てみたり。全部バーコードが違うので、みんなびっくり！ この実験には保護者も「知らなかったぁ〜！」と虜にされていた（笑）。

のけぞるくらい夢中になる子も（笑）。自分もこの目で確かめたい！ という気持ちが表れている。

分光器の性能を十分に確認したところで、最後は元素の炎をのぞいてみる。するとやはり、それぞれの元素に固有のバーコードが確認され、子どもたちは歓声を上げることとなった!!

CHECK!
実際に私も見てみたい!! という方は「分光器　ケニス」または「分光器　作り方」で検索！

さて、分光器という道具を使えば元素の光を分析することができる! ということがわかった。そして一見バラバラの元素にはチームがあって、たとえばアルカリ金属と呼ばれる爆発チームが存在する。ではその他にはどんなチームがあるのだろう?

ベリリウム

マグネシウム

カルシウム

ストロンチウム　バリウム

▲これは「結晶チーム」と紹介したが、科学界では「第2族」または「アルカリ土類金属」と呼ばれている。

えんそ
塩素

しゅうそ
臭素

そ
ヨウ素

▲これは「色付きガスチーム」。科学界では「第17族」または「ハロゲン」と呼ばれている。ハロゲンというのはギリシャ語で「塩を作るもの」という意味で、確かに塩素は塩の材料である。

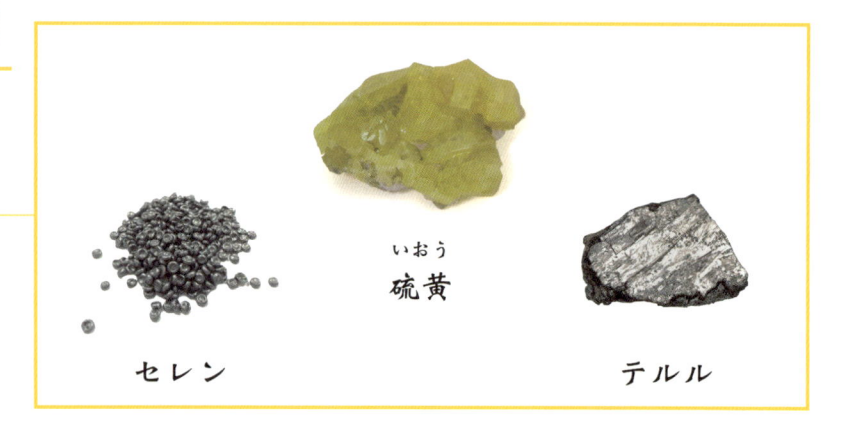

いおう
硫黄

セレン

テルル

▲そして最後は「**鉱石チーム**」。科学界では「第16族」または「カルコゲン」と呼ばれている。カルコゲンというのはギリシャ語で「石を作るもの」という意味で、その名の通り、これらの元素は石の中から見つかる。

というわけで、この授業では4つのチームを紹介した。科学を愛する先生や学生からは「正確じゃない！」という批判がやってきそうだが、その意図は前述したとおりであり、またこのように紹介することが次の授業の伏線となる。そしていよいよ、周期表の美しさに迫る授業が幕を開ける!!

Next Q.
周期表に隠された美しさとは？

解説

おもしろい学習とはどういう体験をいうのだろう？ いくつかのタイプが考えられる中、そのひとつに「知識と知識がつながる！」という体験がある。「あ！ これってそういうことだったんだ!!」という経験に、誰もが覚えがあるだろう。そういう学習体験は、脳内の神経回路がつながるとともに、頭の中が興奮状態になる瞬間だ。ではどのようにして、知識と知識をつなげてあげればいいのだろう？

たとえば3時間目を例にとれば、「ルビジウムとセシウムの由来は赤色と青色」→「炎色反応」→「分光器と光のバーコード」→「元素にはそれぞれ固有の光のバーコードがある」→「宇宙の材料も地球と同じ元素」というように、さまざまな知識が連続的につながっていくストーリーが組み込まれている。しかも、次の知識へとつながっていく橋のかけられ方がとてもダイナミックだ。ルビジウムとセシウムの名前の由来を探究していたら、最後は宇宙の謎を解くところまで行きついてしまう。こうした「予想しない展開」「ダイナミックな知の連鎖」に、人はやはり興奮を味わう。

ただこうしたストーリーデザインは難易度が高い。なぜって、知識と知識の間に橋がかけにくいからだ。同じような知識は、距離が近いので橋がかけやすい。反対に、一見関連のなさそうな知識は、距離が遠いので橋がかけにくい。でも遠い距離がつながるからこそ面白い。さて、どうやって橋をかければ、いいのだろう？

ポイントは「問いを練る」と「心理をつくりだす」にある。

「ルビジウムとセシウムの名前の由来は、どうして青と赤なんだろう？」と問えば、そこに「知りたい！」という心理が発生する。そこで間髪入れず謎を解いた人物が登場。ブンゼンバーナーというアイ

テムが出てきて次々に元素が燃やされていく。しかし、ブンゼンの相方、キルヒホフは何もしていない。「この人何もしてないよね!?」と問えば、「そうだ! おまえは何したんだ!?」とそこに心理が集中する。すると分光器というアイテムが出てきて、光のバーコードの存在が告げられる。「実際にそんなものが見えるのだろうか?」と問えば、ほぼ間違いなく「見たい!!」という心理が生まれる。

おわかりだろう。実はこうした「問い」こそが知識と知識をつなぐ橋なのである。そして「知りたい!」や「なぜ?」という心理、好奇心や探究心こそが、その橋を渡っていく原動力である。強い気持ちが生み出せれば、たとえ長く険しい橋でも渡ることができる。

だからこそ、問いは練りに練らなければならない。どんな質問を投げかければ、そこにどんな心理が発生するのか? その心理はどれだけ強いものとなるのか? そこにアンテナを張り、効果的な問いを見つけていく。そうやって知識と知識の間に橋をかけ、つながる体験、おもしろい学習体験をデザインしていくことができる。

さて、いよいよ周期表の美しさに迫る４時間目！ 元素記号のまわりにはヘンな数字がついているし、なんだかでこぼこした形だし、下に飛び出してる四角もあるし。考えてみると、いろいろ不思議だ。いったいなぜこんな形になったのか？

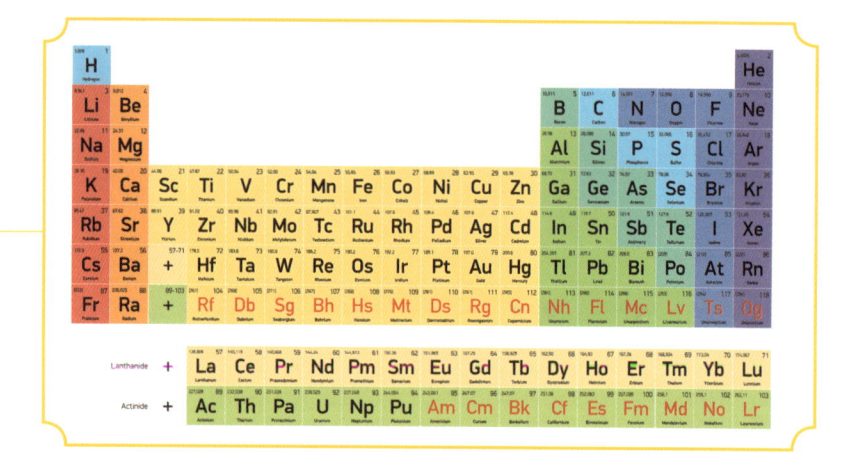

実はこの形の秘密にこそ、元素の世界の面白さがある。しかし、いきなり周期表を細かく解説してもそれは伝わらない。思案した結果、「周期表を見せる」という科学の授業ならアタリマエのことを、あえてやらないことにした。

つまり、周期表の美しさを子どもたちに感じてもらうために、「できあがった周期表の仕組みを説明する」のではなく、「周期表を自分で作ってみる」という体験を提供することにした。そのシチュエーションはこうだ。

子どもたちは60枚に増えた元素かるた大会を終え、テンションが高まっている。達成感を感じている子、とれなくて悔しい子、とさまざまな思いが錯綜する中で僕はこのように問いかける。

「さてみんな、この60枚の元素カードを並べたとき、そこに正しい順序があるとしたら、それはどんな順序だろう??」

Q. 元素の正しい順序とは？

　まだ周期表を目にしたことがない子どもにとって、この問いは新鮮だ。「正しい順序ってなんだよ？」という引っかかりが心の中に必ず生まれる。なぜならこれまでは、いくつかのチームがあるものの、基本的には無秩序に元素の世界が広がっていると思われていたからだ。ちなみにこのときは「正しい順序をいち早く見つけたグループにはビスマスをやろう！」と外発的な動機も刺激しておいたことで、ものすごいやる気が教室にみなぎった（笑）。

　しかし、周期表を子どもたちが自分で作るためには、前回の授業で布石として教えておいた「チーム（族）」についての知識だけでなく、あともう2つ、手がかりが必要になる。その手がかりを伝えるためのストーリーから4時間目は始まる。

「じゃあ、少し復習から始めよう！ 四大元素を唱えた人は??」

「はい！ アリストテレス!!」

「じゃあ、水は水素と酸素に分解できることを証明した人は??」

「はい！ ラボアジェ!!」

すでにほとんどの子どもが、元素編に登場する科学者たちの名前や仕事を覚えている。しめしめ（笑）。

「みんなさすがだね！ ではきょうの登場人物を紹介しよう。1人目はこの人！」

~~科学界のハリーポッター~~
原子説の提唱者

というと
盛り上がる！

ジョン・ドルトン

「原子説っていうのを唱えた人なんだけど、いったいどういうことなんだろうね?? 簡単に言うと、元素の姿っていったいどうなっているんだろう？ そういう疑問を調査した人なんだ」

ドルトンが登場するまでは、元素の姿についての探究は、すべて古代ギリシャ人たちの知識が基になっていた。

アリストテレスは四大元素を唱え、元素の姿は火・空気・水・土ということになっているし、それに対して別のギリシャ人は「アトム（原子）というそれ以上分けられない物質でできている！」と唱えた。さらに別のギリシャ人は「美しい5種類の正四面体が元素の姿に決まってる！」と唱えた。このどれもが当時は科学的に証明不能な、単なる哲学的な観念として受け入れられているだけだった。

そんなとき!!!

ドルトンは先人たちのバトンを受け継いで、さまざまな科学実験のテクニックを使い分けながら元素の姿に迫っていった。そして、アリストテレスの四大元素によって封印されていたデモクリトスの原子説に、再び光をあてるのだった！

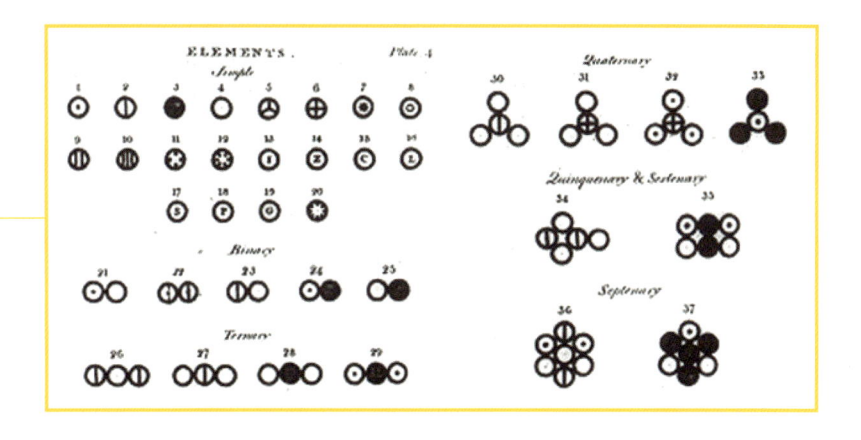

ドルトンは水や二酸化炭素、アンモニアといった物質は、複数の元素が組み合わさってできていることを突き止めた。そしてさらに、その比率が一定であることも！ もしかすると元素の姿は小さな個体であり、それらがくっつくことで物質（分子）が誕生するのではないか!? そのような考察を深めていった。ちなみにこの発見は、もし当時ノーベル賞が設立されていたならば、文句なく受賞した発見と言える。ただ、この知識は少しややこしいので、子どもにはデフォルメして解説する。

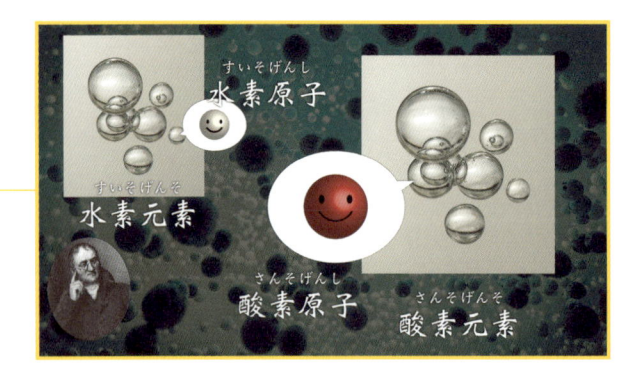

「水素の中をよーくみると、丸っこい水素原子というのが見えてくる。そして酸素の中をよーく見ると、同じように丸っこい酸素原子というのが見えてくる。この水素原子と酸素原子がくっついてできるもの、それが水だ!! とドルトンは考えたんだ」

「これが水の正体じゃあ！」

もちろんこれが水だ！と言っても多くの子ども、とくに低学年にとっては「???」でしかない。でもすでに2時間目の授業で水を電気分解すると酸素と水素が出てくることは確認しているので、「まぁそうなのかも……」ぐらいには受け入れられる。原子や分子の世界は目に見えない世界だけに、私たち一般の人間にとっては、直感的に受け入れがたい。子どもたちはなおさらだろう。なので、ここは深追いしない。

　ところで、水分子と言えばH$_2$O、つまりドルトンの解説は間違っている。そう、後に水は水素2つと酸素1つであることが判明する。

 「え……」

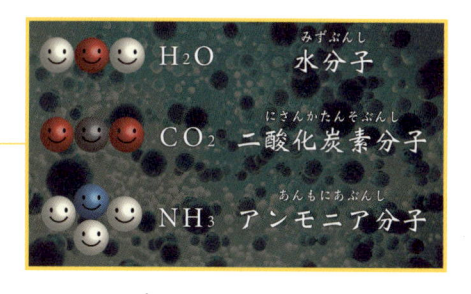

　そして原子というのが複数組み合わさって分子という物質ができあがることを、ひとまず子どもたちに提示する。この時点での納得度はあまり気にせずに……。

　本題はここから！すかさずスライドにツッコミを入れる！

「でもみんな不思議だと思わない？　この丸っこい原子はいったいどうやってくっついているんだろうね??」

「確かに!!　気になる!!」

「でしょ！（笑）実はその疑問に挑んだのが、フランクランドという人なんだ！」

「原子はどうくっついてるのか？」

「では問題！　原子はどうやってくっついているのでしょうか!?　グループで話し合ってアイデアをまとめてみよう!!」

> ## Q.
> # 原子はどうやってくっついているのか？

　さて、この問いも子どもにとっては「考えたくなる謎」と言える。あの原子の球はどうやってくっついているのか!?　あれこれと想像力が膨らんでいく！

「アロンアルファでくっついている！」
「ネバネバのガムのようなものでくっついている！」
「磁石のような力でくっついている！」
「静電気でくっついている！」
「引力でくっついている！」

「レゴみたいにポコって、くっついている！」
「手をつないで、くっついている！」

　真剣に答えたものもあればボケも混じっている（笑）。ここで後ろで見学している保護者にアンケートをとってみる。すると「手をつないでいる」に多くの手が上がる。それを見た子どもたち。

「えぇぇぇぇぇ ――――――!!??」

　そりゃそうだ。まさか手をつないでくっついているとは思わないだろう。しかし！ ここが科学の面白いところ。じつはその意味不明のアイデアこそが正解なのだ。

　「先生！ そしたらその手の正体はなんなの?? 手があるわけじゃないでしょ！」

　さすがに鋭い。その通り。実際には手があるわけではなく、「手のようなもの」でくっついていると考えられた。高校の化学の授業では「おてて」と表現される例のアレだ。しかしここでは手の正体は明かさない。

CO₂

NH₃

二酸化炭素やアンモニアもこんな感じでくっついていると伝えた上で、原子というのはそれぞれ固有に手の数が決まっていて、その手の数のことを科学者は「原子の価数」と呼んだ。

CHECK!

価数＝原子がもっている「手の数」

H　O

N　C

子どもたちに価数の概念を教えたところで、続けて原子量も教えていく。

「よーし！ じゃあ原子の価数はわかったね！ そしたらこの知識を、かるたに書き込んでみることにしよう」

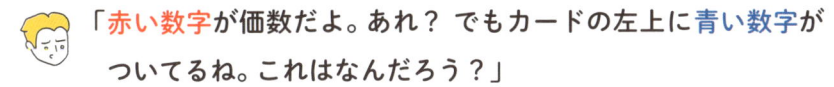

「赤い数字が価数だよ。あれ？ でもカードの左上に青い数字がついてるね。これはなんだろう？」

「わかった‼ 指の数‼」

「(爆笑！) 指が1本ってどういうことだよ⁉」

「あ！ さらにその数だけ手が増えるんじゃない⁉」

「(爆笑！) 酸素の手が16本って‼ 阿修羅像もビックリだ！」

「そしたら元素の背番号かなぁ？」

　男の子は基本的にボケ担当、そして女の子が真面目な意見で場を推進させる（笑）。元素の背番号、すなわち元素番号についてはこの後出てくる知識なので、ここでは「鋭い‼」と評価するものの、実はこれは「原子量」であることを伝える。正確に説明するとややこしいので、ここでは「原子量＝元素の重さ」という扱いにしておく。

CHECK!

原子量＝原子の重さ

さあ!!　これで「原子の価数」と「原子量」、周期表を自分たちで作るための2つの手がかりがそろったぞ!!　そして……。

~~科学界のダンブルドア~~
元素の魔術師

というと
盛り上がる!

ドミトリー・メンデレーエフ

出ました!!!　魔術師メンデレーエフ!!!

ついに!　ついに現れたメンデレーエフ!!　彼こそが周期表の美しさをひも解いた超人、元素編の真の主役であり、その後の科学史に絶大な影響を与えた人物なのである!!

そして、ここぞとばかりに秘伝の問いを発する。

「実はこのメンデレーエフ、人類で初めて元素の正しい順序を見抜いた人なんだ。では、どうやって彼はその順序を見抜いたのか??　実は彼も君たちが持っているものと同じような約60個の元素（当時発見されていたすべての元素）のカードを手作りして、それを並べ換えるカードゲームをやってみたんだ!!　さあ、君たちもメンデレーエフになったつもりで、カードゲームにチャレンジだ!!」

この問いこそが、子どもたちに火をつける魔法の呪文と言っていい。なぜならば、人はみな「追体験」にワクワクするからだ。過去の偉人たちは大発見をどのように導いたのか。その結論をただ説明されるだけの体験はおもしろくない。しかし。その人物と同じような状況になって「君ならどうする？」「どうやって謎を解く？」と問いかけられれば、謎解きが大好きな子どもはメラメラと火が燃え始める。

　これ、ホントの話。実際にメンデレーエフは、すでに知られている元素のひとつひとつをカードに記したと言われている。そしてたった1人で「元素並べ替えゲーム」に夢中になったとか（笑）。

その1

「授業ライブ」編

ところが!!!

　ここで、いきなり「60枚のカードを一気に並べてみよう！」とすると、子どもたちは途方に暮れて課題に対する情熱をとたんに失ってしまう。簡単すぎると飽きてしまうが、難しすぎるとあきらめる。

　そこでまずは、18枚のカードを正しい順序に並べてみよう！　と指示をする。

みんなで手を動かしながら、正しい順序についての話し合いが始まる。まっすぐ一直線に並べてみたり、ぐるっと輪にしてみたり。「表」というアイデアすら知らない子どもたちは自由な発想でカードを並べてみる。しかし容易に答えはわからない。

そんなとき!!!

「みんな思い出してみよう! 元素にはアルカリ金属とかハロゲンっていうチームがあるよね! 同じチームは近くに並ぶんじゃないかな。それと原子の価数と原子量の数字にも注意してみて! その数字も正しい順序を導く重要な手がかりだ!」

そう、このときこそ、いままで仕込んでおいた「伏線」が役に立つときだ! みんないっせいに思い出しながら、ああでもないこうでもない、と試行錯誤を始める。

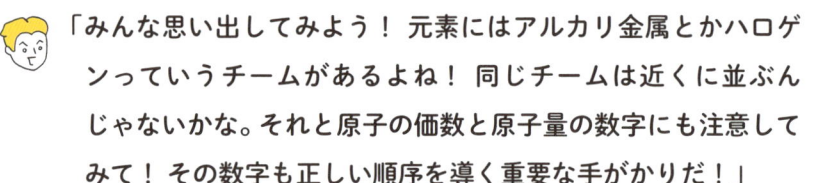

その1 「授業ライブ」編

少し時間が経つと、こんなふうにチームに分けて並べ始める。そして誰かが気づく。「あ！チームに分けると価数の数字が一緒になる！」と。そう！ チームに分けるとカードの左下の赤い数字が同じになるのだ。

しかし、これではまだすべてがつながった並び方とはいえない。チームに分けて価数の数字の順番を意識することは大切なのだが、もうひとつ、原子量の数字も意識して順番を工夫しなければならない。

「赤い数字と青い数字がキレイにそろうとき、元素の秩序が現れてくるはずだ！！」

POINT!

魔法の流儀：試行錯誤を楽しませる。

実は、人間はこの試行錯誤というのをとてつもなく楽しむ生き物なのだ。一直線に答えににじり寄る感じも爽快ではあるが、こうやってくねくねと曲がりながらなんとか答えにたどり着いたとき、そこには大きな達成感がある。山登りにロープウェイを使わず、脚を使うのと同じ原理だ。だからこそ、良質な試行錯誤のために、問いやヒント、そして道具を周到に準備する。なぜ「かるたが画期的なアイテムだ」と僕は言ったのか。それは、「元素を並べ替える」という抽象的な作業を「カードを並べ替える」という具体的な作業に落とし込むためだったのだ。そしてこの時点でいきなりカードを用意するより、かるたという形で慣れ親しんでおくことで違和感なくスムーズに並べ替えに没入できる。この心理作戦を成功させるためだったのである!!

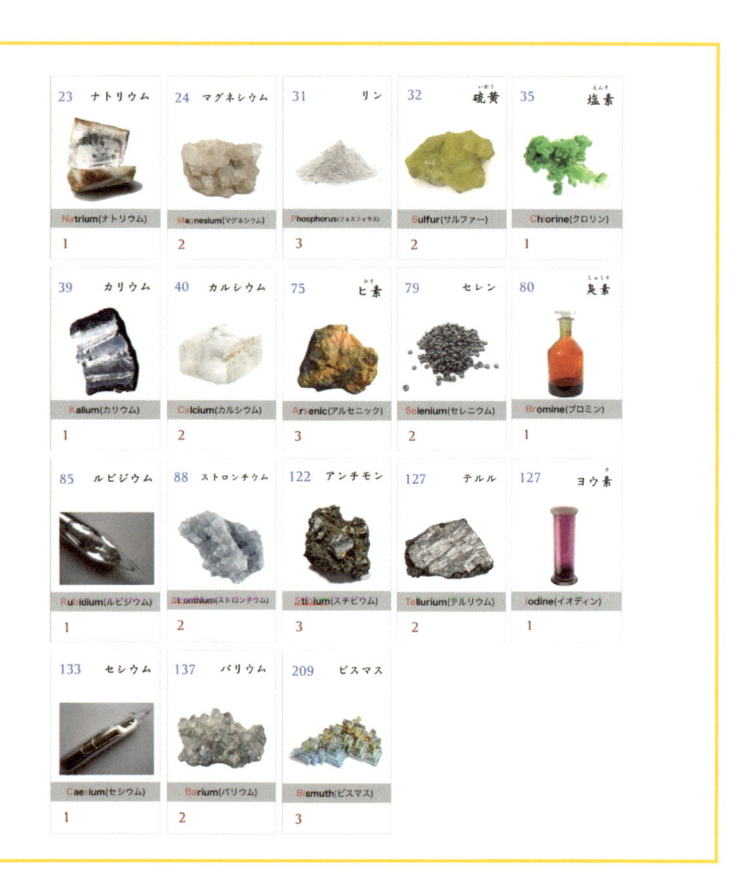

　そして子どもたちも額に汗かきながら完成させたのがこの小さな表。でもよく見ると、ここにはきちんと「秩序」が表現されている。まず、ナトリウム→マグネシウム→リン→硫黄→塩素、と青い数字＝原子量の順番で並んでいる。

さらに!!!

　表の縦を見ると一番左の列は全部、赤い数字＝価数が1となっている！ つづいて2番目の列は価数が2にそろっている！ そして3番目の列は価数が3に、つづいて2、1と数字が下がる。

23　ナトリウム	24　マグネシウム	31　リン	32　硫黄	35　塩素
1	2	3	2	1
39　カリウム	40　カルシウム	75　ヒ素	79　セレン	80　臭素
1	2	3	2	1
85　ルビジウム	88　ストロンチウム	122　アンチモン	127　テルル	127　ヨウ素
1	2	3	2	1

　そう!! こういうふうに並べると、横は青い数字＝原子量の順に並んでいて、縦は赤い数字＝価数の順に並んでいる！

しかも!!!

　一番左の列は全部「爆発チーム＝アルカリ金属」でそろっていて、つづいては「結晶チーム＝アルカリ土類金属」でそろっている。一番左の列は「色付きガスチーム＝ハロゲン」で、そして左から2番目の列は「鉱石チーム＝カルコゲン」に！

これ以上ないという並び方!!!

　いままでの知識を総動員させることで浮かび上がる、元素の中に隠された美しき秩序。きっとメンデレーエフも驚いたに違いない。でも「表」というなら「四角」にしたいというのが人間の美学だ。

ちょっと欠けているのは腑に落ちない。そこで……。

「**この欠けているところは、もしかするとまだ見つかってない未発見元素によって埋められる場所かもしれない、そう思ったメンデレーエフはXカードを使うことにしたんだ。みんなはどうする??**」

　もちろん史実として「Xカード」なんてものは登場しないのだが、ここはそのようなアレンジを加えて表作りをアシストする。そして予想通りすべてのグループがXカードを欲しがる（笑）。Xカードという響きと中途半端な欠けを埋めたいという美学が、子どもたちの背中を押すのだろう。

こうして小さな秩序を見出した子どもたち。しかし、これはまだ周期表チャレンジの序盤に過ぎない。間髪入れずにカードを足す。ネクストステップに子どもを誘うのだ。

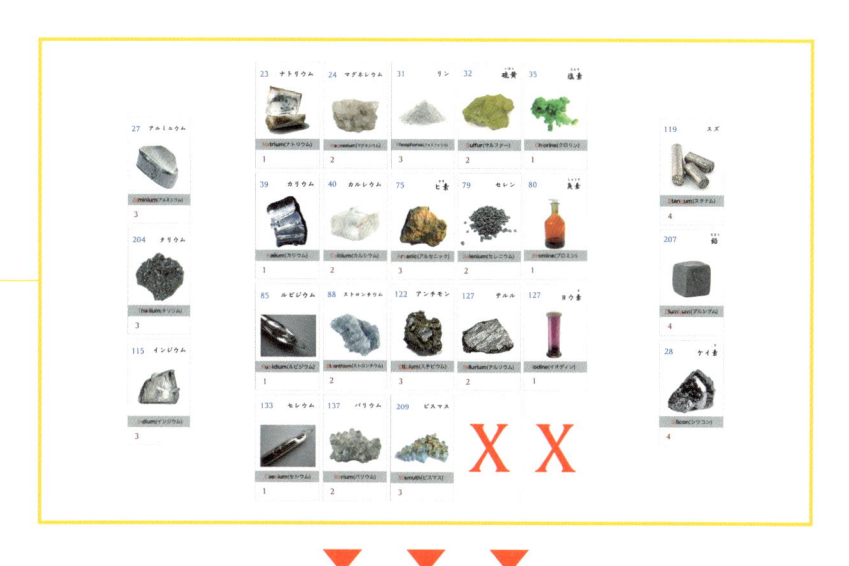

そしてまた試行錯誤の上にたどりつく表がこんな感じ。

さらにXカードが2枚足されているが、きちんと「原子量の順に並べていく」と「縦に価数がそろっている」という秩序は担保されている。もちろん子どもたち自身も、このへんでそのルールに気がついている。そしてさらにカードを足す（笑）。

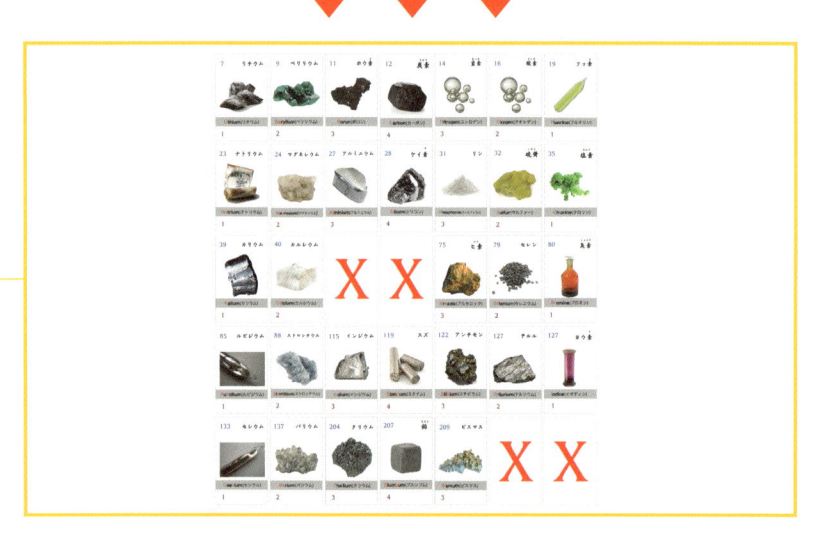

徐々に表が大きく成長していく。ステップとヒントによって、徐々に正しい順序が見えてくる。子どもたちもゴールが見えてきて、今後の展開にワクワクドキドキだ！

それでもまだチャレンジは続く!! 次はおなじみの金銀銅だ！

　ここまで完成させただけでも達成感はものすごい。子どもたちも嬉しそうだ。そしていよいよラスト!!!　最後はド————ンとカードを放り込む（笑）。「えええええええ!!!」という悲鳴が上がるが、賞品のビスマスをゲットしたいので夢中で取り組む（笑）。

そしてついに!!!

　約60枚のカードを使った周期表チャレンジが幕を閉じる。少し表がいびつな形をしているのだが、僕の指示とステップ通りに取り組んでいくと、こうならざるをえない。というかそのように仕組んでいる。そしてもちろん、上のほうに開いた空間が気になってしょうがない。

「さて、上のほうにぽっかりと穴があいてるね。これどうする??
　選択肢は３つです。」

▲選択肢１：右側の穴だけＸカードで埋める

▲選択肢2：すべての穴をⅩカードで埋める

▲選択肢3：2枚のⅩカードを取り除く

　このクイズに対しては、やはり2番と3番に共感が集まる。概ね半々といったところだ。正解は3番。2番を選択した人にとっては空間がやや気になるだろうが、そこに元素は埋まらないため、これが必然的な形となる。メンデレーエフもこのあたりまでたどりついた。

そして驚くべきはここからだ!! メンデレーエフはXカードは使わなかったが、その場所を空白としてあけておいた。なぜならそこには、未発見元素が入るだろうとにらんでいたからだ。そして実際に!! 後の科学者たちはこの表を頼りにして未発見元素を探し当てる。しかも、ことごとくその場所に!!!!

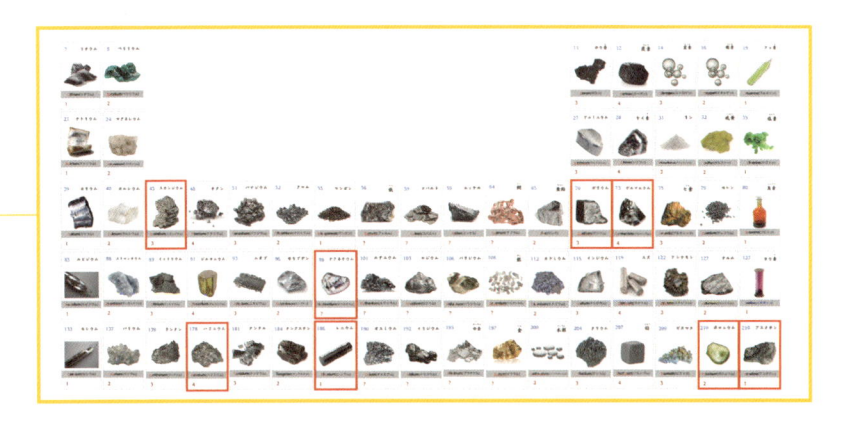

まさにメンデレーエフは占い師と映ったに違いない。まだ見はてぬ元素がここにある! そう予言したメンデレーエフだからこそ「魔術師」のあだ名がついたのだ。

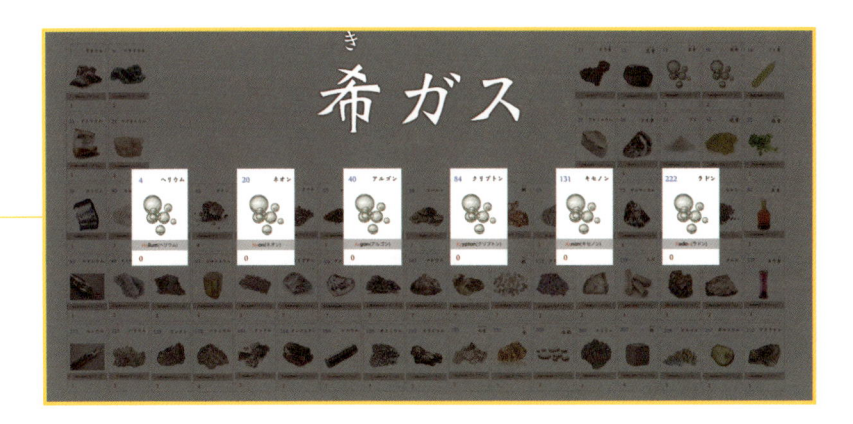

そしてその後、「希少なガスチーム＝希ガス」という元素が次々に発見され、次のように表に組み込まれる。

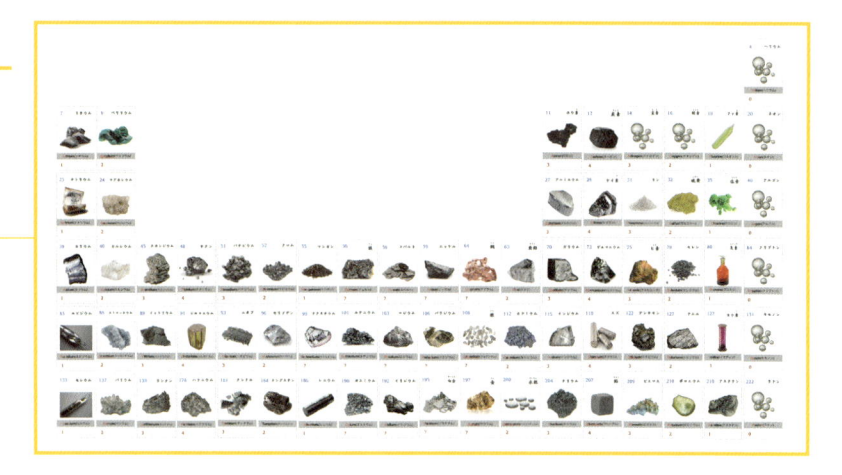

　ヘリウムが突き出して、なんだかモヤモヤする人もいるかもしれないが……（笑）。

　そして忘れちゃいけないあの元素‼ そう水素だ‼「君ならこの水素をどこに並べる??」と問いかける。

選択肢は 2 つ。一番左に寄せるか、ヘリウムの隣に置くか。原子量と価数に注意すると、この 2 択しかない。

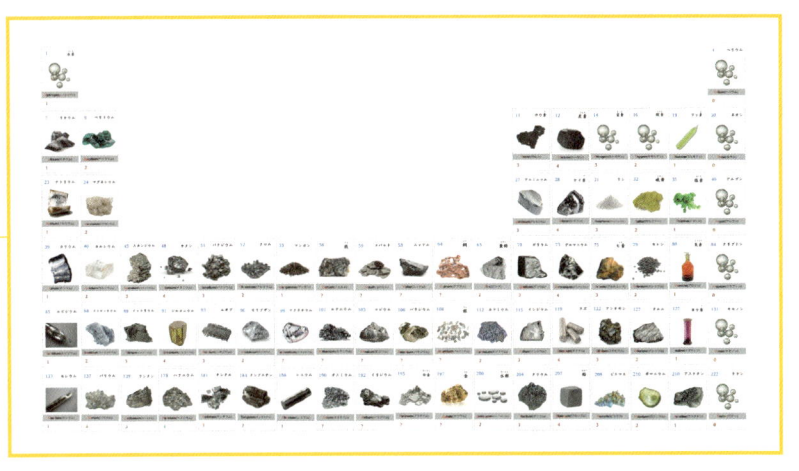

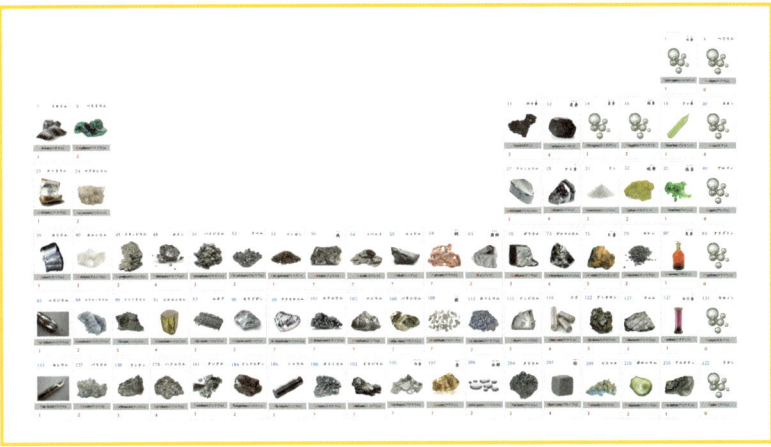

水素はアルカリ金属の仲間ではないので、ヘリウムの隣に置くという選択肢もあっただろう。しかし人間の美的感覚から一番左が採用された（と個人的には思いたいのだが、実際には電子の数とか他の要素で一番左になる）。正解は上の表。子どもたちにも「どっちがいい？」と聞くと、圧倒的に「上の表」と答える！

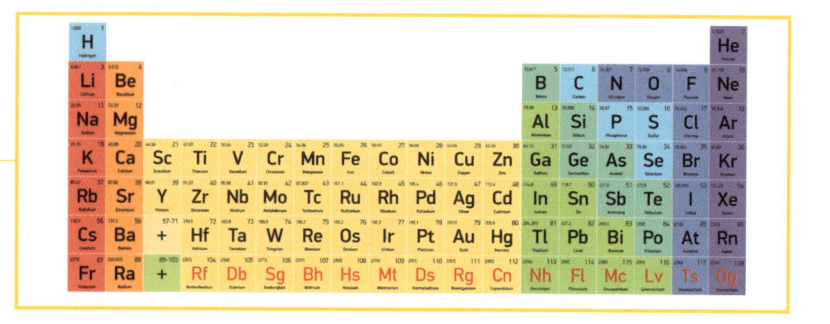

かくして!!!

　元素の周期表がここに完成する。もちろんこの時点で飛び出した水素とヘリウムに違和感を持つ人もいるだろう。それは子どもも、同じ。だからこそ、こんな話を提示する。

「こうみると、水素と酸素が偉そうにふんぞり返って見えなくもない。まるで水素が王様、ヘリウムが女王様と言わんばかりだ。ところがなんとびっくり!!　この宇宙に存在する元素を調べてみると、水素とヘリウムだけで99.9%!!　その他の元素は0.1%にしか満たないんだ。水素が約90%でヘリウムが約9.9%。だから王様と女王様と言っても過言ではないね!!」

　どうだろう。こうしてみるとこの周期表の中に、「自然の神秘」と「人類の英知」を感じずにはいられない!!　まさに美しい!!!

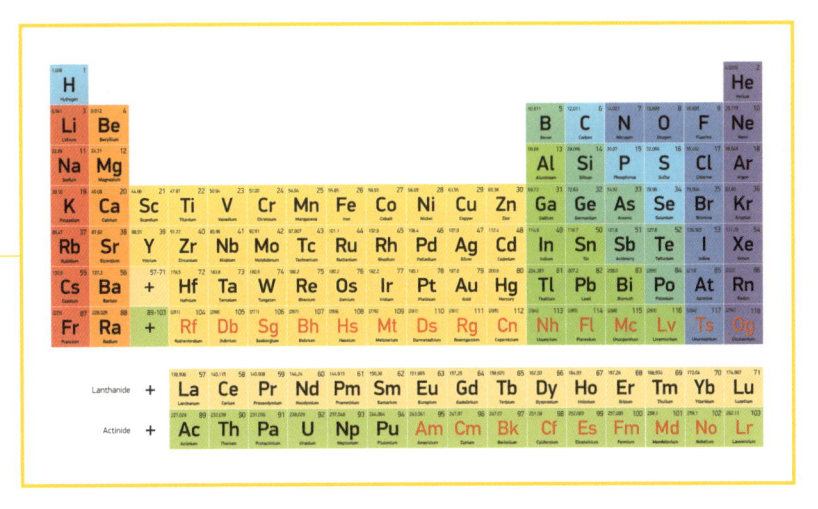

　その後周期表は、さまざまな科学者たちの努力によって付け加えられ、現在の形になっている。しかし、まだまだ新しい元素が発見されるかもしれない。そのたびに周期表の形は変わっていくだろう。人類が最終的に手にする周期表とはどんな形になっているのだろう？ まさにロマンである。

　なお、ここまできたら周期表のすべての元素を覚えてみないか!?となるのは当然の流れである。しかし118個すべて覚えるのは大変。というわけで子どもたちにはすばらしい元素替え歌を紹介し、家で何度も練習してこいと促した（笑）。

CHECK!

▶ YouTube 『魔法の呪文』で検索！

→ https://goo.gl/drTcFu

　歌を何度も練習し、すべてマスターした子が続出したのは言うまでもない。

解説

　周期表。それは人類が長年に渡って求めてきた「この世界の素とは何か?」との謎の答えであり、人類の知の結晶である。

　古代の時代から、人はこの世界を構成する素について考えを巡らせてきた。古代ギリシャ人は「火・空気・水・土」こそがすべての源だとする、まるでポケモンのような世界観を構築して納得する。そこから2000年、いまから約400年前に初めてギリシャ人の世界観にヒビが入れられる。一度壊れ始めた世界観にブレーキをかけることはできない。人類は次々と元素を発見し、世界を構成する素はもっと多様であることを知って驚嘆する。

　そしてさらに、その多様な元素の世界に「秩序と原理」があることを知って再び驚嘆する。その秩序と原理を求めた探究がメンデレーエフによって始まり、いまなお続いているのである。そんな壮大なドラマに触れたとき、子どもたちもきっと心が震えるのではないか? 驚きや感動を感じるのではないか? そんな想いから始まった元素編。当然ながら授業の大目標は「子どもたちが周期表の美しさに感動する」ことにあった。

　実際にはすべての子が「すばらしい!!」と感動したわけではないが、ひとつのテクニックを駆使することにより、それは達成できた。そのテクニックとは、

「知識の発見を追体験する」。

　一般的に周期表の美しさを理解しようとする場合、「その説明を聞く」という体験を受け取ることがほとんどだろう。スティーブ・ジョブズのようなプレゼンターなら、多くの聴衆を感動の渦に巻き込むこともできるかもしれない。しかし、これは難しい。

一方で、周期表の美しさを自分で体感する機会を受け取ることができればどうだろう？　名プレゼンターがいなくとも、多くの人が感動を分かち合うことができる。もっといえば！　人間は他人から聞いたり教えられるよりも、自分で発見するほうが、何倍も気持ちよく、印象的に受け止める。だからこそ、周期表の美しさを扱う授業では「追体験」を徹底してこだわった。

とくにこだわったポイントは、さも自分たちで元素の美しい並べ方＝周期表を作り上げたように錯覚させることだった。勉強のコツだろうとビジネスの法則だろうと、「もしや！」と思うときは、人生の中でも心踊る瞬間だ。だから子どもたちは、自分の力で「できた!!」「見つけた!!」という瞬間に快感を覚え、その対象には深い愛情を抱くのだ。

よく子どもがそのへんの石や貝殻を拾ってきて大事にする心理も同じである。教わるものは他愛もないが、発見したものは愛しい。だからこの心理を巧みにつく。自ら見つけた元素の順序を眺め、子どもは得意げになる。そして完成した表を眺め、愛しい感情を抱く。その感情はやがて「美しい!!!」という気持ちに変わっていく。これが、僕が仕掛けた元素編の本質だ。

知識や美学を言葉で伝えるのではなく、どうすれば体感してもらえるのか？　そうした工夫が大切なのは、いまも昔も変わらない。

ついに子どもたちは周期表を自らの力で作り上げ、その中に驚きと感動を見い出した。しかし、元素編はこれで終わりではない。元素の魅力はこれだけではないからだ！

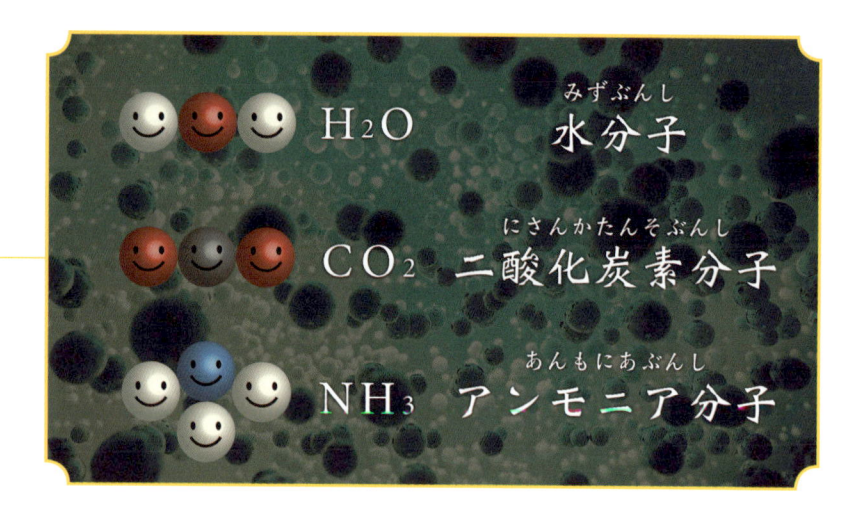

H_2O みずぶんし 水分子

CO_2 にさんかたんそぶんし 二酸化炭素分子

NH_3 あんもにあぶんし アンモニア分子

ドルトンの研究によって、原子が複数組み合わさって造られる分子という仕組み。4時間目ではあまり深く立ち入らなかったが、5時間目はこの知識を探究していこうというもくろみ。ただし、漠然と概念だけを教えていても、子どもたちは腑に落ちない。そこで、すばらしいアイテムを用意することにした!!

必殺!!! 分子模型!!!

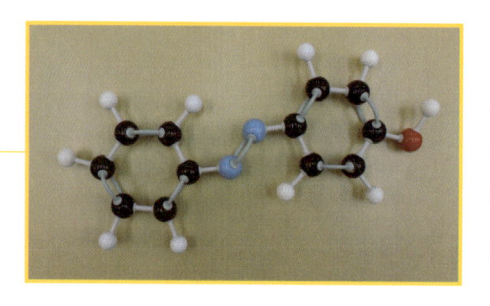

といっても、いきなりこんは複雑な分子は作れない。きょうもまた、やさしいステップから始めて徐々にレベルを上げる作戦に。

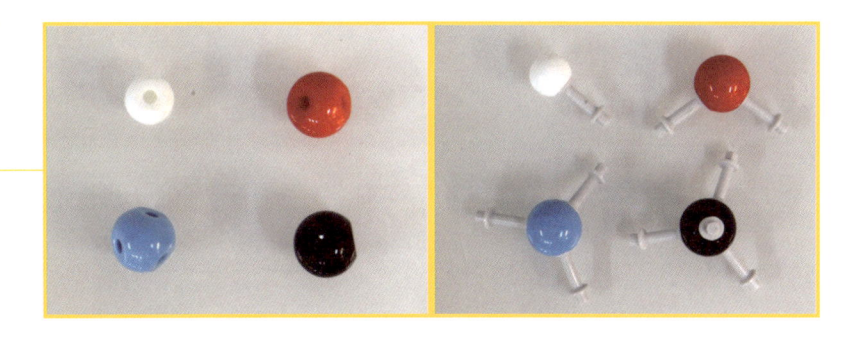

　色のついたボールは、いろんな元素だ。「おてて」は棒であらわされる。球のひとつひとつには穴があいている。この穴が価数だ。つまり、原子ボールの穴に「おてて」の棒を差し込んでいくと、他の原子とつながることができる。

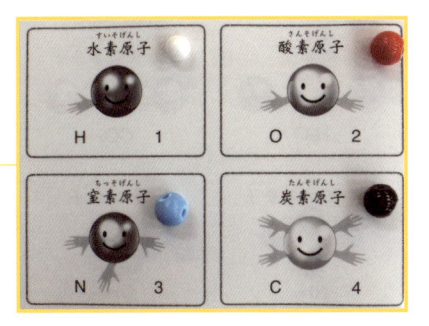

　そして、このようなシートを与える。水素は価数が1なので白球の穴は1になっている。同様に酸素（赤球）の穴は2、窒素（青球）は3、炭素（黒球）は4である。

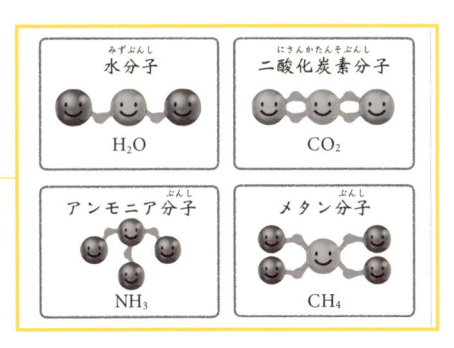

　基本がわかったところでまずは小手調べ！　なお、アンモニア分子は「おしっこ」、メタン分子は「おなら」と紹介してあるのでとくに小学生はグイグイ食いついてきている（笑）。

「4つの分子を作ってみよう！ 一番早くできた人が優勝です。
もちろん賞品はビスマス!! よーいドン！」

一生懸命作り始める子どもた
ち。意外とこのステップでは落
ちこぼれる子どもは少ない。価
数の概念と模型の作り（穴の数）
がドンピシャなのでスムーズに
作業が進む。

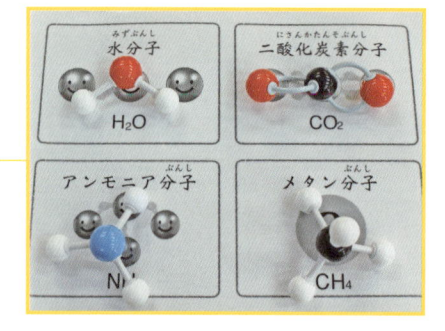

ほぼすべての子がクリアー!!
ここにきて原子や分子といっ
た概念があまりよくわかって
いなかった子どもも、理解が
深まってくる。

POINT!

魔法の流儀：「手を動かして」学ぶ。

こうした教材のいい点は「具体的」「手を動かす」というところにある。小
さな子どもにとって、概念の認識というのは抽象的であるため、難易度が
高い。たとえば、「酸素と二酸化炭素」、これですら子どもにとってはほぼ
概念でしかないのでストンと理解されることはない。当然「原子と分子」
という抽象世界はほぼ理解不能である。ところが、「具体的に」「手を動か
して」学ぶというプロセスを組み合わせるだけで、抽象的な概念の認識が
驚くほど促進されるのである。

その1

「授業ライブ」編

「原子を組み合わせれば分子を作れる」というルールを理解した子どもたち、次は「分子式」というルールの理解へと歩を進ませる。問題はこちら！

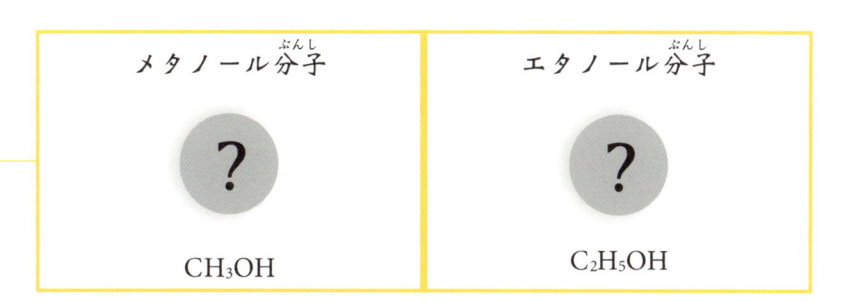

メタノール分子（ぶんし）	エタノール分子（ぶんし）
？	？
CH_3OH	C_2H_5OH

　問題は CH_3OH のような分子式のみで、分子構造の絵は見ることができない。そう、分子式だけで分子構造をイメージして作り上げなければならない！ もちろんこの問題は難易度が高いのだが、基本を理解した子どもにとっては「そそる」問題である。「どんな形だろう？」と想像力が刺激され、手を動かしてみたくてしょうがない！ そんなやる気がムクムクと立ち上がる。

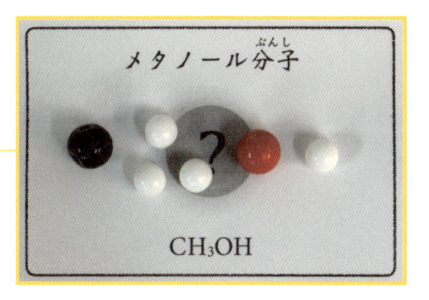

メタノール分子（ぶんし）

CH_3OH

子どもたちはまずは分子式をみて、必要なボールを数えて用意するところからスタート。

相談しながら取り組む女の子たち。とても楽しそう!!

メタノール　　　　　　　　エタノール

正解はこちら。エタノールのほうはわんちゃんのような姿でかわいらしい（笑）。これも、ほとんどの子どもが完成させることができる。ここで、分子構造のポイントを解説！

その1

「授業ライブ」編

「実は分子模型の作り方にはコツがあるんだ。分子式をいくつかの塊に分けて考えると形が見えてくるよ。たとえばこのワンちゃんのようなエタノールなら、こんなふうに分子式を2つに分けて考えてみる。そして面白いことに、2つに分けた最初のアルファベットがつながる仕組みになってるんだ！」

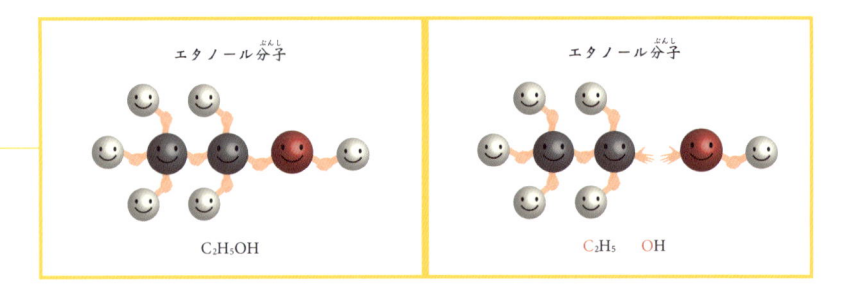

エタノール分子　　　　　　　　　　　エタノール分子

C_2H_5OH　　　　　　　　　　　　　C_2H_5　　OH

「おおお!! なるほど！ これ超わかりやすいヒントじゃん！」

「でしょ！ それじゃあ、次いってみよう!! 問題はこちら!! ちなみにこれはお酢の分子式だよ」

CH₃COOH

コツを理解した子どもたち、分子模型作りにハマり始める。しめしめ（笑）。ちなみに、この問題の答えはご覧の通り。

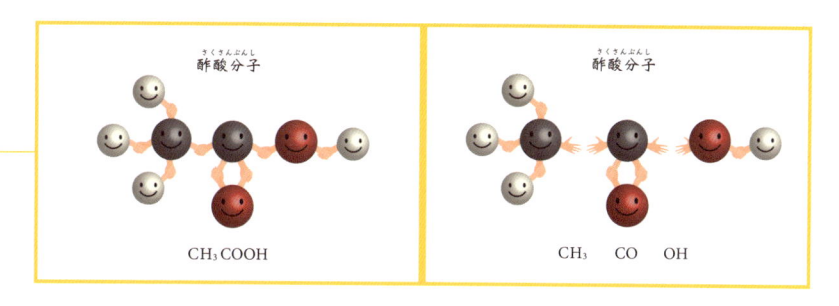

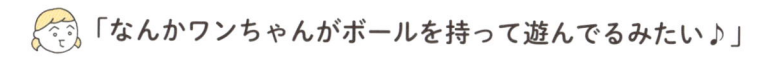「なんかワンちゃんがボールを持って遊んでるみたい♪」

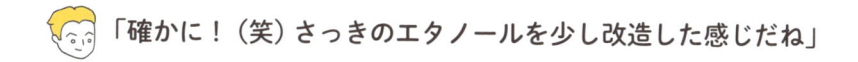「確かに！（笑）さっきのエタノールを少し改造した感じだね」

そして……超難問を放り込む。最後の問題はこれだ!!

C₆H₅NHCOCH₃

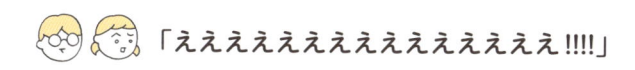「えええええええええええええ!!!!」

うん、正しい反応だね（笑）。確かにこれは難しい!! しかし! 基本を理解した君たちならきっとたどり着けるはずだ! がんばれ!!

悪戦苦闘する子どもたち。この子どもなんて、難しすぎたのだろうか、撃沈している（笑）。さすがにこの問題は全員正解とはいかないが、20%程度の確率で正解にたどりつく子どもが現れる。

完成した模型。かなり複雑。（ちなみにアセトアニリドという分子）

完成させた子どもたちはものすごい喜びようだ! これできっと中学や高校になっても化学式や分子式で挫折することはないだろう!!

さあ、ここまで火がついた分子模型作り、この火をすぐに消してしまうのはもったいない。できることなら、さまざまな分子模型作りに取り組んでもらいながら、分子の世界をもっともっと探究してもらいたいところ。

そこで!!!

こんなミッションを用意することにした!!
※ミッションといっても強制力はない。やりたい子がやってくるという仕組み。

なかには「お勉強」と強制されるとつまらないという子どももでてくる。強制力のある「宿題」ではなく、やりたい子がやってくるという仕組みで、「ミッション」と呼んでいる。学ぶ心は、北風よりも、太陽で育てる。

メタノール	エタノール	エチレン	アセチレン	アセトアルデヒド
CH_3OH	C_2H_5OH	C_2H_4	C_2H_2	CH_3CHO
賞金:10円	賞金:10円	賞金:30円	賞金:30円	賞金:50円
ジメチルエーテル	酢酸	クエン酸	ベンゼン	ナフタレン
CH_3OCH_3	CH_3COOH	$C(OH)(CH_2COOH)_2COOH$	C_6H_6	$C_{10}H_8$
賞金:50円	賞金:30円	賞金:200円	賞金:30円	賞金:100円
アセトアニリド	アセチルサリチル酸	トリニトロトルエン	クメンヒドロペルオキシド	p-フェニルアゾフェノール
$C_6H_5NHCOCH_3$	$C_6H_4(OCOCH_3)COOH$	$C_6H_2CH_3(NO_2)_3$	$C_6H_5C(CH_3)_2OOH$	$C_6H_5NNC_6H_4OH$
賞金:100円	賞金:300円	賞金:300円	賞金:500円	賞金:1,000円

※賞金は、お母さんからもらってね!

分子模型を完成させると賞金がもらえるというシステム!!! これには子どもたちも狂喜乱舞（笑）。ただし、賞金は「お母さんからもらってね」という仕組み！ 正誤判定もお母さんができるように正解写真はメールで送信ずみだ！

もしこんなことを学校でやったなら、クレームの電話がガンガン鳴り響くだろう（笑）。先生も懲戒処分になってしまうかも……。

しかし、この教室のリアクションは正反対だった！

ほとんどの子どもがこのミッションに燃える。お母さんもそのやる気には目をみはる。がんばりなさい！ と。ただし、分子模型を購入しなければミッションは始まらない。僕からはアマゾンで簡単に買えると言っておいたら、その数日後、アマゾンの分子模型が売り切れになるという珍事が発生していた（笑）。

家で分子模型に取り組む様子。完成させたときの笑顔がイイ！！

「みんな、かなり分子の仕組みについてわかってきたね！ でもとっても重要な謎がまだ解かれていない。そう、この原子たちをつないでいる『おてて』の正体、これはいったいなんなのだろう??」

　熱気が冷めやらない教室に、子どもたちがすっかり忘れてしまった問題を思い起こさせる。ちなみに子どもたちからは、アロンアルファや引力など、珍回答がまたもや続出することになる（笑）。

　さて、ここから「原子をくっつける力の正体の謎」に迫るわけだが、それを解くためには、原子の構造はどうなっているのか？ という謎に挑んでいかなければならない。分子模型ではボールと棒で表現したが、あくまであれは簡略化した原子のモデルで、抽象的イメージに過ぎないのだ。

> ## Q. 原子をつなぐ「おてて」の正体は？

電子の発見者

J・J・トムソン

　最初に挑んだのはこの人物。現代文明に欠かせない電気、その電気の正体である電子を発見したトムソンである。彼は原子の中に電気的な物質、すなわち電子を発見するのだが、では原子の中にどんなふうに入っているのだろう？

「こんなかなぁ？」

　トムソンのイメージはこんな感じ。電子のつぶつぶが、原子の中にランダムに入っている。このイメージモデルには「ブドウパンモデル」という名前がついたとか。

「かわいい‼」

 「そんなわけないでしょ！ ふざけすぎ ── ‼」

　もちろん真実は違う。しかし、ここから物語は動き始める。まったく手がかりのなかった原子の構造。そこに突如として現れた電子という手がかり。原子をめぐる探究は、まるでバトンリレーのように突き進んでいく。

原子物理学の父

アーネスト・ラザフォード

　トムソンのバトンを受け継いだのはラザフォードだった。イギリス物理学界のジェントルマンとも呼ばれたラザフォードは、その業績を讃えてノーベル賞が送られただけでなく、104番目の元素ラザフォージウムにその名が刻まれている。そんな彼が見つけた原子の姿は、とても美しいものだった‼

「こうだ‼」

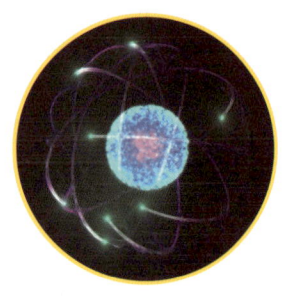

　原子の中心には固まりが存在し、その外側を電子が飛び回っている、そういう姿を初めてイメージしたのがラザフォードなのである。これは私たちが知っている原子の姿にきわめて近い。子どもたちからも「おおおおお‼」という歓声があがる。

量子力学の父

ニールス・ボーア

　しかし、そのラザフォードの発見に「待った！」を突きつけて、さらなる真実を求めるべくバトンを受け取る人物がいた！

「まだ、あまい!!」

　その人物こそが、あのアインシュタインのライバルにして、20世紀の大天才と称されるボーアである。彼もまたノーベル賞が送られただけでなく、107番目の元素ボーリウムに、その名が刻まれている人物である。

　彼こそが、各元素の中に組み込まれた電子の数、そしてその電子が飛び回る軌道についてまで、正確にその姿をとらえた人物なのである。いったいどうしてこんなことがわかるのか？　どうやってこの事実を証明したのか？　実験の方法は??　と次々に好奇心の波が押し寄せてくるが、それはまたどこかの機会で……（笑）。

　そして驚くべきがここからだ!! 知ってる人には当たり前だが、子どもたちにとっては奇跡の展開が待ち受ける。

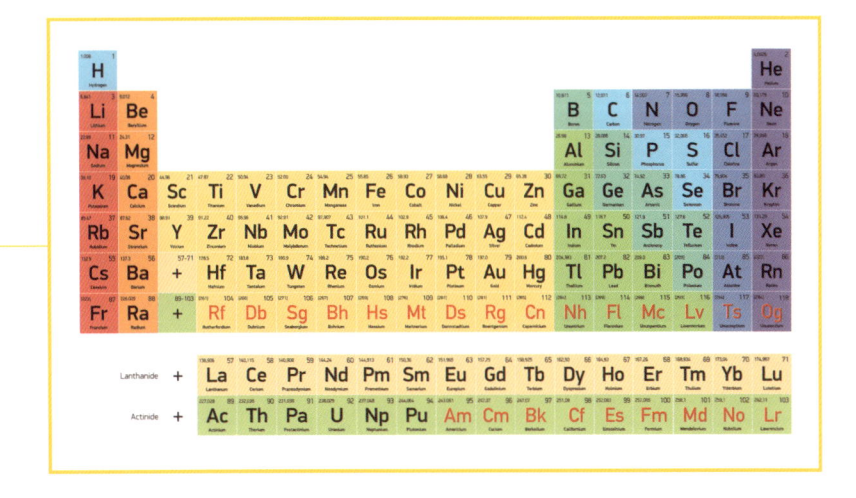

「思い出してほしい！　周期表を作ったのはメンデレーエフ。それは原子の価数や原子量といった情報をもとに、元素の中に秩序を見い出すための知恵だった。そして周期表に並んだ元素には自然と番号がつけられた。これが原子番号。水素が1、ヘリウムが2、リチウムが3、というように元素（原子）には背番号がついているよね。みんなもその順番でスイヘーリーベーと覚えていったはずだ。それを思い出しながら聴いてほしい!!」

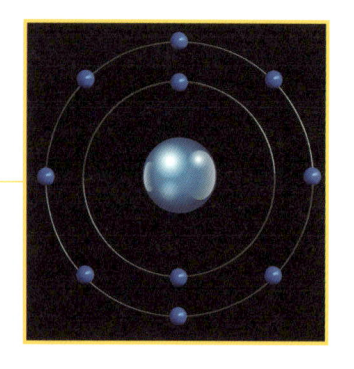

「これは番号が10番のネオンの姿。ボーアが見破ったネオンの姿を見て、何か気づくことがない??」

「ん ——— と、え ——— と……」

「あ!!!　わかった!!!　電子の数がちょうど10個だ!!!」

「その通り!!　不思議なことに10番のネオンにはちょうど10個の電子が入っていたんだ。これは偶然なのだろうか??」

そして……。

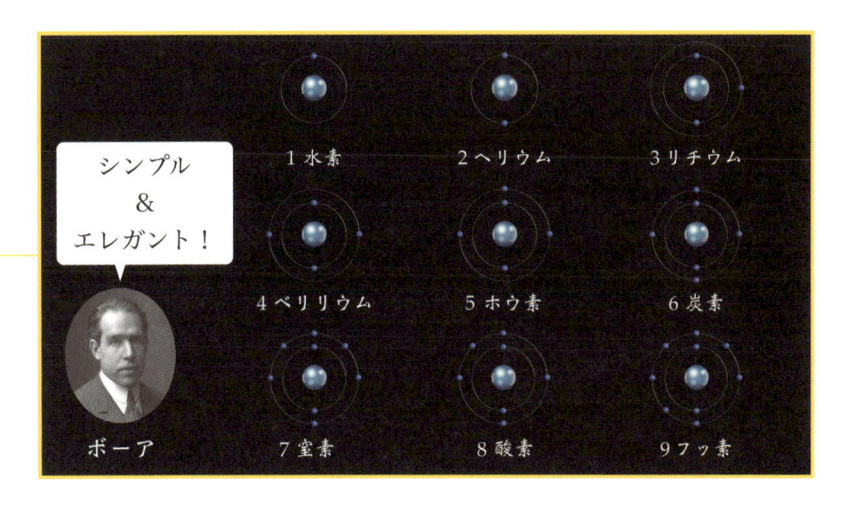

1 水素　　　2 ヘリウム　　　3 リチウム

4 ベリリウム　　　5 ホウ素　　　6 炭素

7 窒素　　　8 酸素　　　9 フッ素

シンプル
＆
エレガント！

ボーア

　ボーアが見つけた世界、それはまさに「自然の神秘」としか言いようのない、シンプルで美しい世界だった!!!　メンデレーエフが見い出した元素の秩序。それにつけられた原子番号という数字。この時点では単に周期表における順番でしかなかったその数字が、原子の構造の謎を解き明かす暗号だったとは!!!!　いったいそんな偶然を、セレンディピティを、誰が予測できただろうか!?

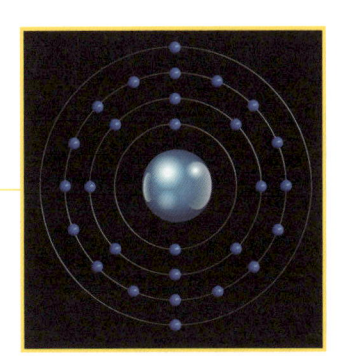

これは原子番号28番のニッケル。
やっぱり電子の数は28個だ!!

　この法則は番号が大きくなっても変わらない。これには魔術師メンデレーエフも驚嘆したに違いない（天国で）。

「これはすごい!!! やばい!!!」

「確かにシンプル&エレガントだぁ───♪」

学校では「原子番号はその中に含まれる電子の数と一致している」、こんなふうに事実のみ、結論だけを教えられる。いったいこの紹介のしかたでどれだけの生徒が驚くのだろう？ そこに感動を覚えるのだろう？ 単なる知識かもしれないが、その知識へとたどりつく道筋の演出のしかた次第で、人の印象は大きく変わる。とくに、歴史上の人物の目線で「知識の発見を追体験する」ことができれば、その知識はキラキラと輝いて見えてくるものなのだ。

POINT!

魔法の流儀：知識の発見を追体験する。

こうして、3人の科学者のバトンリレーによって、原子の姿（とっても美しい姿!!!）があきらかとなった。

トムソン　　　　ラザフォード　　　　ボーア

そして!!!

　この電子こそが、原子と原子を結びつける「おてて」の正体でもあったのだ！　原子を結びつけて分子を作り上げる力、それは電気の力だったのである。

　さて、原子と分子、それをつなぐ電子の世界を探究し、元素編もいよいよ終盤である。子どもたちも、だいぶ深いところまで元素を知ることになった。でも、知識だけが先行してもおもしろくない。むしろ日常の世界でも元素を感じてもらいたい。そんな思いを実現するべく、分子模型作りに加えてもうひとつ、とってもクールなミッションを課すことにした。

その名も「元素でGO」!!!

　ルールはシンプル。スマホかチェキを持って街に出かけてみよう。そこでもし元素を発見したら写真を撮る。たとえば自動車のタイヤ、この中には硫黄が入っているので「タイヤを見たら硫黄発見！」ということに。写真を撮れば硫黄元素ゲット！　その写真をノートに貼り付ければ元素アルバム作りが始まる。もし118個すべての元素を見つけて118ページのアルバムを完成させられれば、君はコンプリート!!　元素マスターになれるぞ!!　というシステムだ。まさに「ポケ○ンGO」そのもの（笑）。

　すばらしいアイデアだと思いませんか!?　毎日の暮らしが元素を見つける大冒険に変わってしまうんですよ!?　しかも元素の知識が身の回りのアイテムとつながっていくんですよ!?　きっと世界が違って見えてくるんじゃないかしら。

ただ、この宿題はけっこう根気がいる。118個はすごい量だ。モチベーションの持続が最大のカギとなる。そこでもうひと工夫。授業の最後に、こんなゲームを実施した。

元素カジノクイズ

これは「釘はどの元素でできているか？」「ガラスはどの元素でできているか？」という単なるクイズを出すのだが、その答え方がカジノスタイルになっている。子どもたちのテーブルには周期表が配られていて、正解だと思う元素の上にコインをかける。10枚かけて正解なら10枚コインがもらえるし、100枚なら100枚増える。要するにドキドキワクワクのカジノクイズなのだ。

さらに!!!

ここで増やしたコインが教室にある景品と交換できるという徹底ぶり！ こんなクイズがあったら燃えないわけがない！ ただ、このカジノクイズの攻略法が重要で、それが身近なアイテムと元素の関係についての知識をいかに多く持っているかという点に集約される。しかし、子どもたちはまだその知識をもっていない……。だからこそ!!! 元素でGOへのモチベーションが高まるというわけだ!!!

なぜなら元素でGOに取り組んで自分で作成したアルバム、このアルバムに限っては参照OKというルールにしてある。つまり、元素でGOによって作られたオリジナル元素辞典を作ってきた子はカジノが有利に、そうでない子は不利になる。われながら、うまいやり方である（笑）。

　この時間では数問を予行演習として実施したのみで、カジノクイズのスタイルを体感させておく。本番は次週の6時間目。はたしてどれだけの子がアルバム作りに挑んでくるのだろうか……。

　これはさっそくアルバム作りに取り組む子どもの様子‼ 夜を徹して作業に励んだとか！ はたして何ページを完成させてくるのだろうか？

　探究学舎の授業では、「コイン」や「景品」、ときには「現金」といった報酬アイテムが頻繁に登場する。一般的にはこうしたアイテムは教室と縁がない。むしろタブーである。「お金やご褒美で子どもを釣るのはよくないことだ！」。そういう意見があるからだ。しかし、本当にそうなのだろうか？

　お金やご褒美で子どもを釣るのはよくないという考え方の背景には、単純な道徳論もあるだろうが、もうひとつ、大人の側に大きな不安がある。それは、「お金やご褒美で釣り過ぎると、それがないとやる気が起こらなくなるのではないか？」という不安や、「学ぶことそれ自体のおもしろさを味わえなくなるのではないか？」という不安である。つまり、お金という外発的動機が、楽しさという内発的動機を壊してしまうのではないか、そういう懸念を抱いている。

　確かにその不安は、一見すると正しいように思える。実際にボランティアの世界に謝金を導入するとうまくいかなくなるだとか、過度な報酬設計にすると逆に社員のやる気がなくなるだとか、そうした外発的動機が内発的動機を壊してしまい、システムがうまくまわらなくなるといったケースはいくつも存在するし、またそうした研究もたくさんある。

　ところが、子どもの学習についていえば、ポイントを押さえさえすれば、外発的動機はけっして内発的動機を壊すものではない。要するに、使いようなのだ。なお、外発的動機または外的インセンティブの効力を学術的に知りたければ、次の本がオススメだ。中室牧子氏の「『学力』の経済学」では、統計的な調査・科学的な根拠をふまえた有用性が示されている。なのでここでは、僕の体験をもとに、お金やご褒美の有用性を示すことにしよう。

もともと人は、「おもしろい！」と思える体験については外発的動機がなくとも自発的に取り組むようにできている。この元素編の授業でいえば、「分子模型作り」や「元素でGO」は、課題自体がおもしろい！ と思えるものなので、ある程度放っておいても子どもたちは自発的にやり始める。

しかし問題は、パッとおもしろさを味わうことのできない課題についてである。たとえば漢字の書き取りや単語の丸暗記など、「チューインガム」のように口に放り込んだ瞬間にパッと味が広がってこない、「するめ」のような課題が問題だ。よーく噛まないとそのおもしろさが味わえない。だからこそなのだが、よーく噛む前に挫折してしまう。

そういうときこそ、外発的動機を効果的に活用するチャンスだ。子どもはまだその課題の深み・味わいを知らない。一見すると地味だ。ということは前のめりでやろうとは思えない。だが、ご褒美があれば、課題の魅力ではなくご褒美の魅力につられていったんは取り組むことになる。

もちろんここで、子どもがその課題の魅力に気づかなければ、つまり外発的動機から内発的動機にシフトしなければ、ご褒美がもらえなくなったとたんにやらなくなってしまうだろう。しかし魅力に気がつけば、もうご褒美は不要なのだ。

ポイントは、外発的動機を入り口に、いかにして内発的動機にシフトするよう促すのか。これこそが、学習を導く大人の腕の見せ所といえよう。

さあ、待ちに待った元素編最終回！ そこに組み込まれた大人気コンテンツのカジノクイズ。それを成功に導くために、はたしてどれくらいの子どもたちがアルバムを作ってくるのだろう?? ちょっぴり不安な気持ちで迎えた6時間目だったが、予想を裏切る見事なアルバムが待っていた‼

カラフルな台紙に貼られた写真たち。それをまとめたかわいいバインダー。見事なできばえに僕もびっくり。しかも約6割の生徒が作り込んできてきた！

これは76個の元素をゲットしてきた作品（76ページ）。これだけ集められたらたいしたものです。

完成させた子どもたちもこの満足顔‼ われながらすばらしいミッション（宿題）を出したなと自分も誇らしい（笑）。

さて、元素アルバムを片手に子どもたちが挑んだ元素カジノクイズ。少しだけ読者のみなさまにも出題してみよう。いったい何問、答えられるでしょうか??

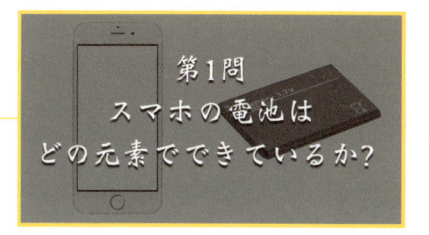

これは正答率ほぼ100%の問題。正解はリチウム。

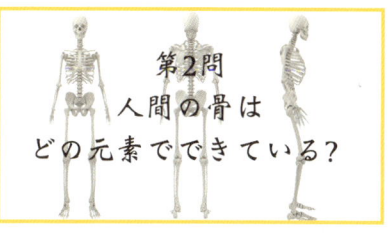

これもほぼ100%。正解はカルシウム。

これは80%。正解はストロンチウム。元素の図鑑などをめくればかなりの確率でこの知識が紹介されているので、子どもたちは覚えてくる。

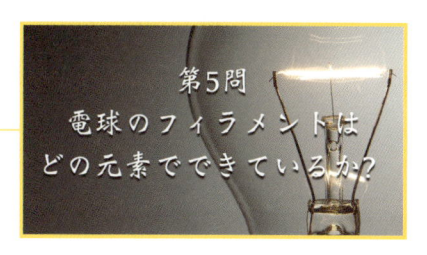

これは50%。エジソンの話を知っている大人は一瞬「竹?」と思う人もいるかもしれないが正解はタングステン。全元素の中で最も融点（溶ける温度）が高いものがタングステンなのだ。

第12問
CDやDVDは
どの元素でできているか?

この問題は意外と高い65％。「一家に一枚周期表」というポスターに書いてあるので、子どもたちは覚えてくる（笑）。正解はテルル。

第15問
サファイアは
どの元素でできているか?

最後は超難問！ 正答率1％の問題。ダイヤモンドなら炭素でできているというのはほとんどの大人が知っているだろうが、サファイアはアルミニウムなのだ！ まったく違う見た目なのに。なんとも不思議な元素の世界！

「みんなよく調べてきたね!!　さすが!!　しかし太郎くんは最後の問題をよく正解できたよね。まさかサファイアについても調べていたなんて！ ページ数も最高記録の76ページだしね。でも、これはみんなに共通していることだと思うんだけど、図の赤くした部分の元素って見つからなかったでしょ ??」

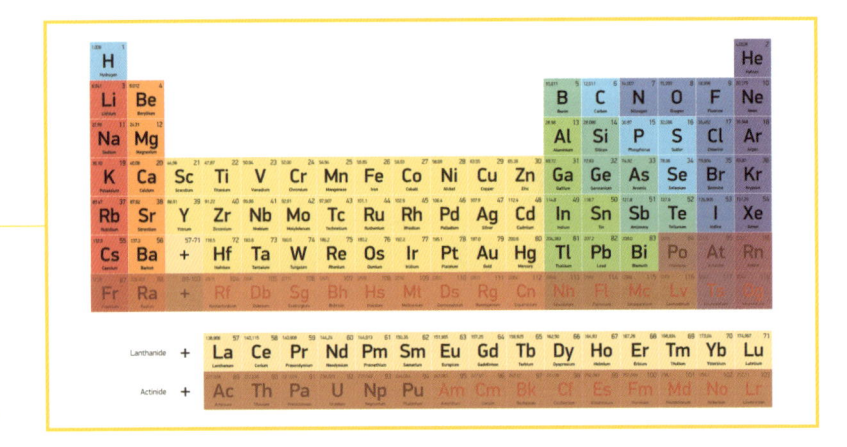

「そうそう！ 最後のほうの元素は全然見つからなかった！」

「そうなんだよ。実はこの元素でGOはコンプリートがめちゃくちゃ難しいんだ。理由はこの赤くした84番以降の元素の正体にある。名前を放射性元素っていうんだ。いったいどんな元素なんだろう？」

Q. 放射性元素とは？

　この質問を起点にして、ついに壮大なフィナーレが幕をあける。元素と日常を結びつけることに成功した授業のクライマックスは、元素と宇宙の関係に迫る。

　まずは偉人の紹介から。放射線元素と言えばやっぱりこの人。ポロニウムとラジウムを発見したキュリー夫人ことマリー・キュリー。彼女の時代はまだ90個ぐらいの元素しか見つかっていない時代。周期表もまだこんな状況だ（次のページ）。

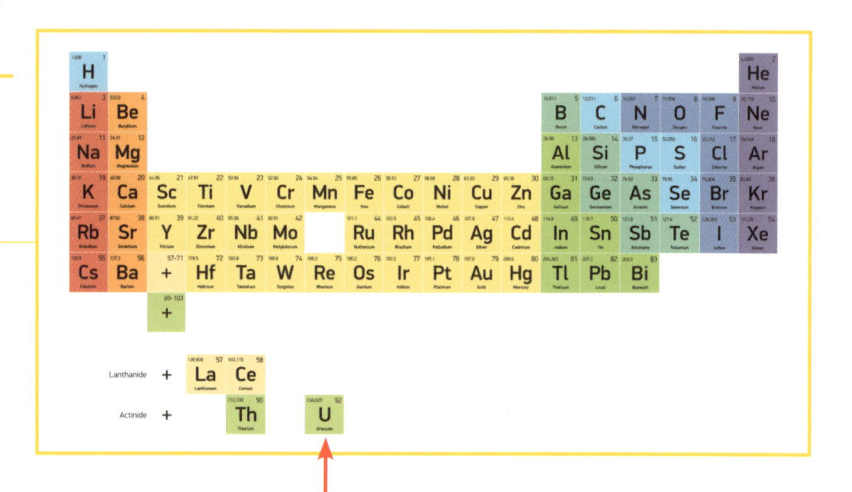

この中で最後の元素ウランの性質をめぐって、キュリー夫人の師匠にあたるベクレルが格闘していた。ちなみにベクレルは放射能の濃度を示す単位「ベクレル」に名を残した人でもある。

ウラン

ベクレルはあるとき、ウランから強いビーム（放射線）が出ていることに気づく。

放射能の　名付け親

マリー・キュリー

未知のビームに興味を抱いた二人は、この不思議な力にのめり込んでいく。やがてキュリーは同じく放射能を出すポロニウムとラジウムを発見することになるのだが、その功績が認められてノーベル賞を２つもゲットすることになる！

なお、人類でノーベル賞を２つゲットしているのは４人しかいない。しかもその最初の人物。しかも夫のピエールも、娘のイレーヌも、その夫のフレデリックも、一家で５個もノーベル賞をゲットしている。おそるべし！ キュリー家！

「キュリー夫人が見つけた放射性元素は人体に悪影響を及ぼすことが後にわかって、だから身近な物質には使われないようにしてるんだ。知らないうちに放射線を浴びたりしてたら怖いもんね……。さあ周期表の84番以降に登場する元素はすべて放射性元素なんだけど、その中でも下の表の赤字の元素は『人工元素』と呼ばれているんだ」

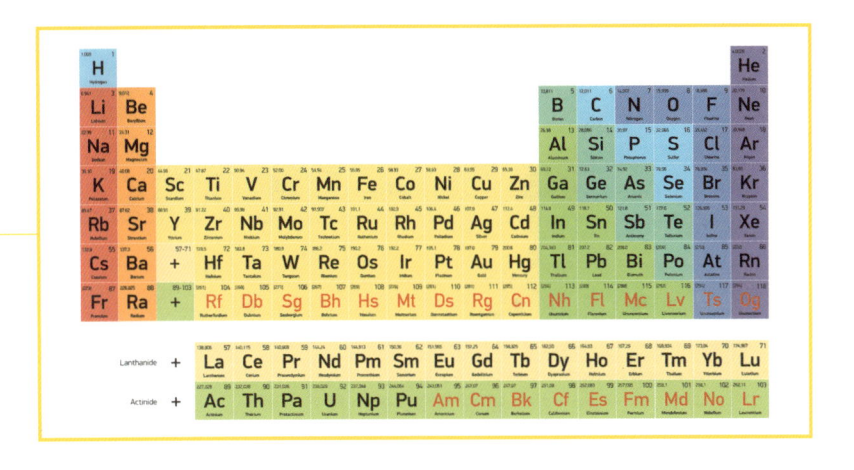

　そう！ 人工元素というのは自然に存在するものではなく、人間が作り出したもの。ではここで問題！

Q. 元素をつくるって、どういうこと？？

「これはけっこう難しい問題なのでヒントをあげよう！」

1：お母さんが料理をする感じで作る。
2：大工さんが家具を作る感じで作る。
3：農家さんが野菜を作る感じで作る。
4：工場で機械を作る感じで作る。

「さあ、どれでしょう!!」

「え〜〜〜〜、4番かなぁ……」

「いや違うでしょ！ このどれでもないでしょ！」

「このどれでもない？ そうか、そしたらこんな感じかな??」

「あ──!! これだ!! たぶん……」

　さすがに「元素のつくりかた」については、いろいろなイメージがある中でいったいどれが本当なのか、子どもたちも見当がつかない様子。

「それでは、実際に元素を作った元素合成の達人を紹介しよう！」

元素合成の達人

グレン・シーボーグ

　なんとこのシーボーグさん、たったひとりで10個もの元素を作ってしまうのだった!! しかし、いったいどうやって???

「元素のつくりかたを知るためのヒントは、元素の姿形にある！
　思い出してほしい、水素とヘリウムでは何が違う??」

「わかる!! 水素は電子の数が1個でヘリウムは2個！」

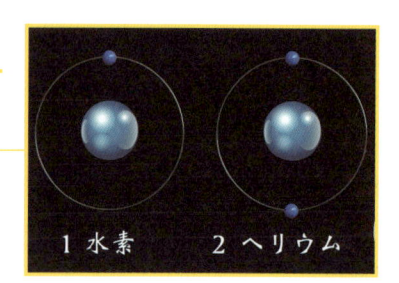

1 水素　　2 ヘリウム

　そう、元素というのは電子の数によって決まる。これが子どもたちが獲得している知識だ。ということは、電子を足せば新しい元素を作れるのだろうか??

「電子を足すだけじゃダメなんだ。実はあの真ん中の玉の部分。あそこも元素にとって重要な部分だから、あそこの中がどうなっているのか、その秘密を解くまでは元素の作り方は見えてこない。みんなあそこがどうなってるか知りたい??」

「知りた━━━━い!!」

> なお、性質に注目する場合は元素、構造に注目する場合は原子、と呼ぶのが科学界のルールなのだが、本書ではこれ以降「元素」という呼称で話を進める。

　中心にある核の中はどうなっているのか? 最初にその秘密を解いたのは再び登場のラザフォード（P123に登場）だった! 核の中にも電子と同じような粒があることを見抜いたのだ。

「この中に
　まだ粒がある!」

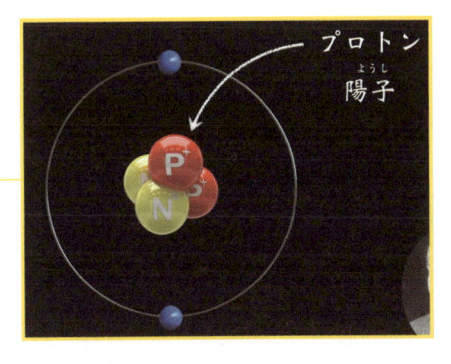

ラザフォードは、核の中にプラスの電気を帯びた新しい物質を発見。ギリシャ語で「最初の」という意味を表わす「プロトン」に命名。日本語ではプラスの電気という性質に由来して「陽子」と命名。

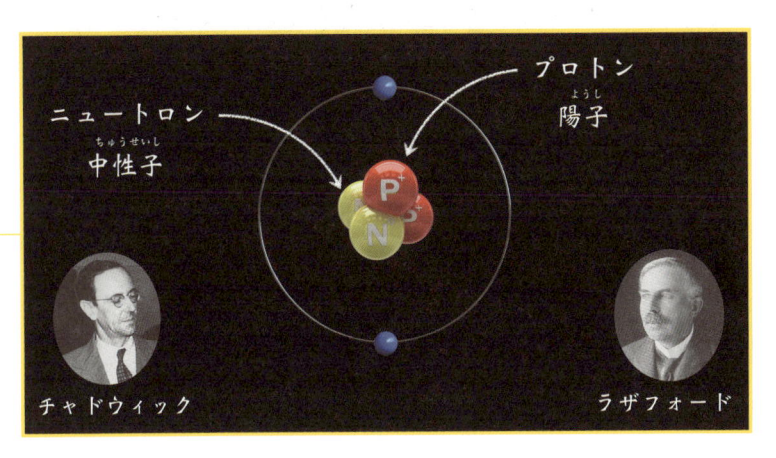

そしてラザフォードの友人チャドウィックが、もう一種類の粒を発見し、プラスでもマイナスでもない「中性の性質」に由来して「ニュートロン」と命名。日本語では「中性子」。

 「どうやら元素の姿というのは、いろいろな粒が組み合わさってできてるみたいだね。さあ、ここで何か気づくことはないかな?? 図をよーく見て!」

 「わかった!! 電子と陽子と中性子の数が全部一緒だ!!」

「その通り‼ ヘリウムは全部2個なんだけど、3番のリチウムを見てみると全部3個、4番のベリリウムは全部4個、まったく同じルールが成り立ってたんだ！」

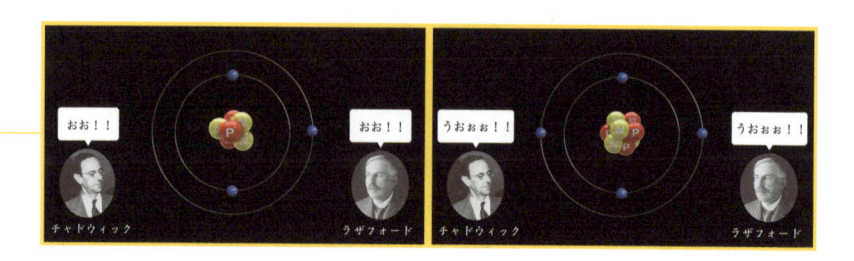

これには科学者の二人もさぞビックリしただろう。まさに「自然の神秘」！ これで元素の姿形の謎もすべて解けた‼ いよいよ、元素の作り方の謎解きに迫ってきたぞ！

「では問題！ シーボーグさんはキュリウムという元素を作りたくて悩んでいました。彼は94番のプルトニウムをどうにかすればキュリウムが作れると思っていました。いったいどうしたでしょーか?? グループでアイデアをまとめてみよう！」

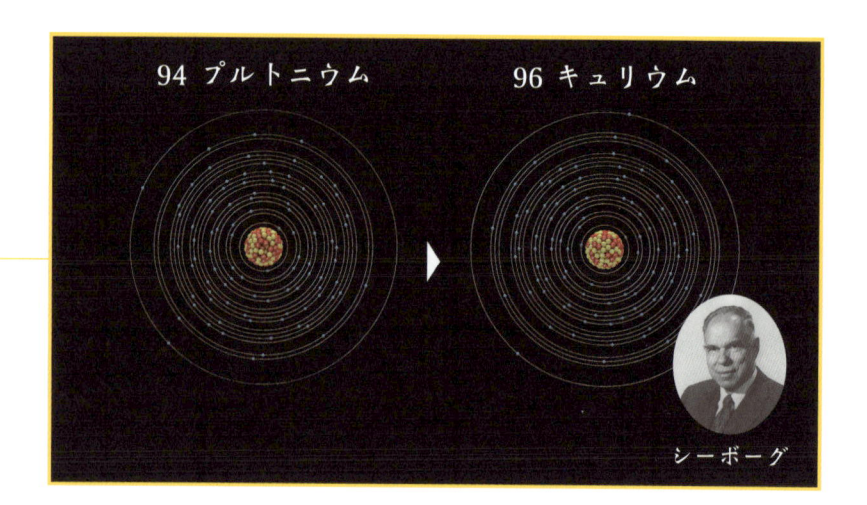

94 プルトニウム　　　　96 キュリウム

シーボーグ

その1　「授業ライブ」編

どうすればキュリウムをつくれるか？

　ここまでくると子どもたちはエンジン全開！ あとちょっとのアイデアで大きな謎が解けそうだ‼ そういうテンションが教室を満たし、子どもたちの議論も白熱する。

「そしたらアイデアを発表してもらえる??」

「はい‼ 電子を2個くっつければいいと思う‼」

「確かに！ キュリウムにするためには2個電子が足りないよね！ でも足りないのは電子だけ??」

「はい‼ 電子だけじゃなくて陽子と中性子もそれぞれ2個足す‼」

「さすが！ 目のつけどころがいい‼ そうそう、94と96の両元素を比較すると2個ずつ足りないよね！ しかし……じゃあどうやって足すのかな??」

　ここまでは想定通り。電子・陽子・中性子というキーワードとその個数に注目させる「フリ」をしているのだから当然こうなる。

しかし……。

その6つの粒子をどうやって足すのか？ という具体的な問いになると難易度が高くなるため、子どもたちも悪戦苦闘。

珍回答その1：投げる！

まさに小学生的発想（笑）。一気に投げつければいいじゃんというのは誰もが思いつきそうだが、一方で「そんなわけねーだろ！」と自分で突っ込みが入るアイデアだ。これを言ってくるのは、たいていお調子者の男子！

珍回答その2：ビームで打ち込む！

投げてくっつけるには小さすぎるし、威力も足りなそう。そう思った彼らが思いつくのはビームのような勢いのあるアイデアだ。確かに投げるよりセンスあり（笑）。でもみんなも納得！ とまではいかないアイデア。

珍回答その3：重力や磁力の力で引きつける！

1と2に対して逆転の発想。6つの粒子を何らかの方法で引きつけてくっつければいいのでは？ これもナイスアイデアなのだが……。

「打ち込むとか引きつけるはいい発想だね！ 正解は打ち込むに近い。でもどうやって6つの粒子を打ち込むんだろう?? だって、めちゃくちゃちっちゃいよ!? しかもいっぺんに打ち込むとなったら超難しいよね??」

こんな感じでヒントを与えると……。たいてい教室のどこかでピカーンとひらめく子どもが出てくる。

「あ !!! ヘリウムをぶつければいいんじゃない??」

「その通り !!!!!! よくそのアイデアをひらめいたね!!」

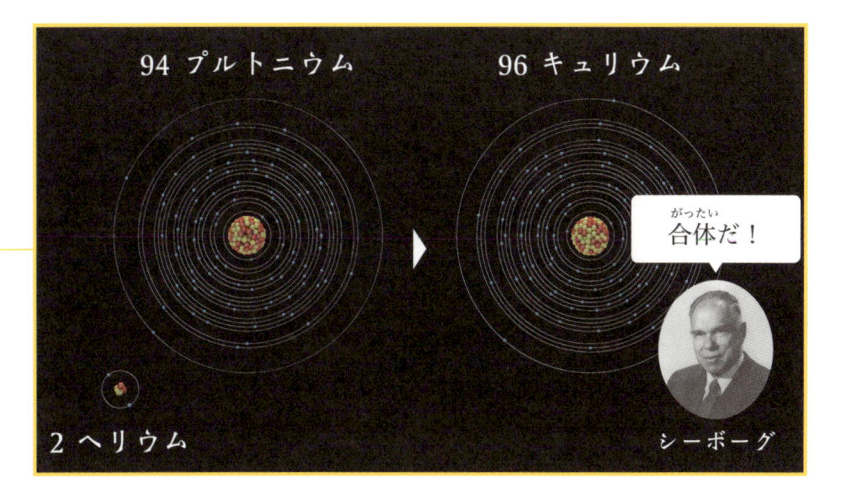

94 プルトニウム　　96 キュリウム

合体だ！

2 ヘリウム　　シーボーグ

なんとびっくり !!! 94番のプルトリウム元素に、2番のヘリウム元素をぶつけて合体させれば、確かに理論上は96番のキュリウムに必要なすべての粒子が用意できる !!! まさにシンプル＆エレガントなスーパーアイデア !!!

言われてみればなるほど！ と思った読者も多いのではないだろうか。知っている人にとっては当然の事実かもしれないが、知らない人にとってはこれはけっこう「なるほど！」のアイデアである。ロジックがシンプルだからだ。このアイデアには教室の誰もが「あ〜〜〜！」という感嘆の声を上げる。

「じゃあさ、この2つをどうやって合体させればいいんだよ!?」

自分が答えられなくて悔しい（しかもたいていの場合「投げる」と答えた）生徒が、ちょっと半ギレな感じで突っかかってくる。しかし、この質問はクリティカル（重大）だ。何をぶつけるかがわかったのだから、どうぶつけるか、ここに好奇心は集中する。

「いい質問だね!! 確かに元素と元素をぶつけて合体させるのは並大抵のことじゃない。人智を超えた神業だからだ。ここでシーボーグが準備した実験装置を見てほしい!!」

人類の秘密道具「加速器」!!!

これは地下数十メートルに掘られた円形のトンネル装置で、元素を光の速さで飛ばすことができる。時計回りに飛ぶ元素と、反時計回りに飛ぶ元素、これをうまいことピッタンコカンカンでぶつけることができると、新しい元素を作れるらしい……。マジでハンパない！

その1 「授業ライブ」編

シーボーグの時代はまだ小規模だったが、現在はスイスにある CERN という研究所が運用する加速器が最大で、トンネルの長さは東京の山手線一周とほぼ同じなんだとか‼ 元素を高速で飛ばしてぶつけるために、人類はスゴイ装置を生み出しているんですね……。

🧑 「さあ、これで放射性元素、そして人工元素の秘密は解き明かされた。そしたらみんながアルバムで見つけてきた元素、これは自然に見つかる元素なので『自然元素』と呼ばれているんだけど、この元素はどうやって作られるんだろう？」

Q. 自然元素はどうやってできたか？

　いよいよ、元素編のラストクエスチョンが子どもたちに渡される。元素編全体にわたって散りばめてきたさまざまなQ（クエスチョン）たち。そこには私たち授業デザイナーの情熱と計算を詰め込んできたわけなのだが、この最後のQも思い入れの深いものである。それでは、いよいよエンディングだ！

👧 「自然元素はやっぱり自然の中、地面の下とかでできるんじゃないかなぁ？」

👦 「でも生命は海から生まれたんだから、元素も海じゃない⁉」

🧑 「なるほどねぇ！ 地面とか海とかありえるよね。あと隕石で降ってくるみたいなのもあるかもしれない。ではここで４択クイズにしてみよう。」

1：海の中、たとえば深海で作られる

2：地面の中、たとえば地球のコアで作られる

3：宇宙の中、たとえば星や銀河で作られる

4：神様の力!!!!

僕はちなみに4番の神様説もやっぱりありえるんじゃないか、そういう考えの持ち主なのですが、それは置いといて……。子どもたちの意見は1から3に素直に分かれる。でもやはり宇宙を選択する子が少し多いか。

「この問題のヒントになるのは、さっきの人工元素だ。元素を作るためには、光の速度でぶっ飛ばしでバチンとぶつけるような強力なエネルギーが必要だったよね。そう考えると2番もありえそうだけど、地球のコアのエネルギーじゃ全然足りない。そう！ 宇宙の中にあるスーパーエネルギーを利用しないと元素は作れないんだ！ 正解は3番！」

「やっぱり！ もしかして銀河の真ん中とか???」

「そこも有力候補かもしれないね。でも僕たちにとってもっと身近な場所で作られてるんだよ。」

元素の工場その1：太陽!!!

その1 「授業ライブ」編

　私たち人間にとって最も身近で強力なエネルギー源といえば太陽だ。実はその太陽は強力なエネルギーで元素を作ることができる。

　そもそも人類は、「なぜ太陽は光っているのか？」「太陽に限らず星はどうやって輝いているのか？」。その問いを片手に長い年月をかけて探究を続けてきた。しかし、実験のしようがないのだからその答えは永遠に知ることができないと思われてきた。

そんなとき!!!

　画期的なアイテムが発明される。それが３時間目に登場した分光器だ！

　この分光器を通して太陽を見ると、そこに見えるのは水素とヘリウムの光のバーコードだった。さらに観測器具や手法が発展し、太陽の成分は約71％が水素、約27％がヘリウムであることがわかる。そして元素の構造の知識（陽子・中性子・電子）を太陽成分の知識と組み合わせたとき……。

　水素の元素２つが合体し、ヘリウムが生み出されている！ それが太陽の中で起こっている!! という事実にたどり着く。地球とは比べ物にならないほど大きい太陽では、重力がめちゃくちゃ強い。だから水素と水素がぎゅーっと押しつけあって合体してしまう。そしてその合体のときに発生するエネルギー（核融合エネルギー）こそが、

太陽を光り輝く星にするパワーである!! と気づいたのだった。まさに人類の勝利、科学の勝利である。

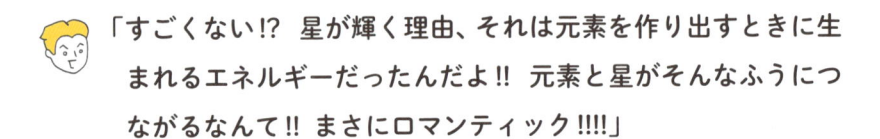
「すごくない!? 星が輝く理由、それは元素を作り出すときに生まれるエネルギーだったんだよ!! 元素と星がそんなふうにつながるなんて!! まさにロマンティック!!!!」

（すごい! 本当にロマンティックだなぁ）

「別にそんなロマンとかないでしょ!?」

　女子は傾向としてとても素直。ロマンや感動に対してもとってもストレートだが、男子はひねくれたり、はねっ返ったりするやつらの多いこと!!!（笑）。まあそれが男子のかわいさでもあるんだけど。

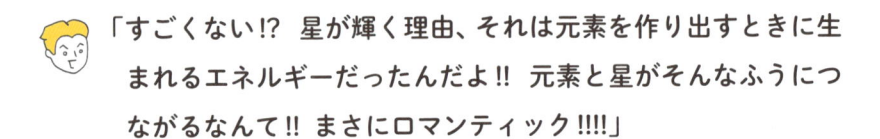
「ところが、太陽のエネルギーで作り出せる元素はヘリウムだけなんだ。じゃあ、その他の元素はいったいどうやって作られるのか？」

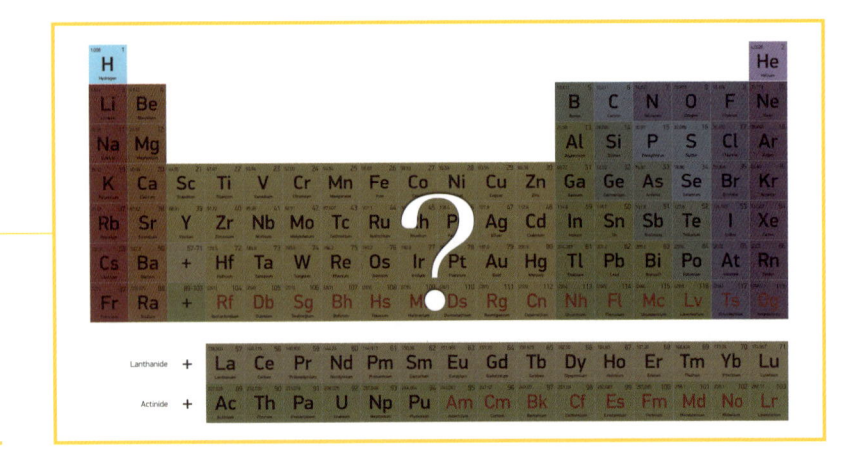

「ヘリウムよりも大きな元素、つまり重たい元素を作るためには、もっともっと巨大なエネルギーが必要なんだ。星のエネルギーというのは星の大きさで決まる！ つまり、太陽よりももっと巨大な星でなければ、重たい元素を作ることはできないんだ！」

元素の工場その2：赤色巨星 !!!

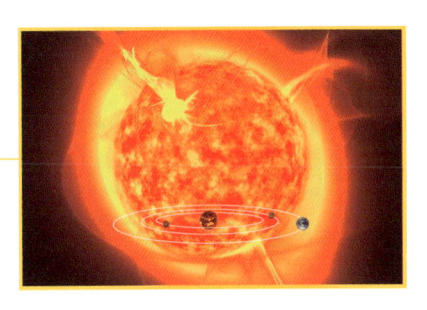

これは太陽の100倍の大きさの星で、その直径は太陽系における地球の周回軌道と同じくらい。ちなみにこの図では太陽と地球そして地球の周回軌道のスケールを正しく表現できていない。正確には「太陽を運動会の大玉くらいの大きさとするなら、そこから200m離れたところをビー玉サイズの地球がまわっている」これが正しいスケールである。

しかも !!!

この赤色巨星というのは太陽の未来の姿なのだ!!! 太陽が寿命を迎えたとき（核融合に必要な水素をすべて使いはたしたとき）、太陽は死に向かって膨張してこの大きさまで膨らんでいく。そして最後のとき。赤色巨星となった太陽は爆発してチリとなる。この爆発の瞬間に生まれるエネルギーを利用して、まさに瞬く間に生み出されるのが、リチウムやベリウムなどの元素たち。一気に酸素まで生み出されるという。要するに太陽のような星が死を迎える瞬間に、酸素までの元素が作られるのだ!!

これが宇宙の仕組みというのだが、ではその他の元素は？？

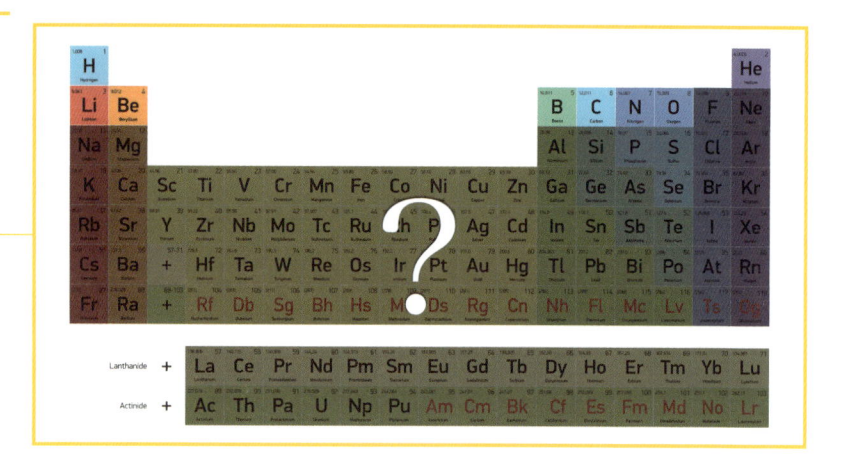

「ってことは、もっと、もーっと巨大な星が必要なんだ‼」

その通り。それは赤色超巨星という‼ ネーミングにひねりがなさすぎますが（笑）。太陽の2000～3000倍の大きさで、宇宙で最大の星と考えられている。この星の力を使えば、最高で鉄まで作り出すことができる‼‼

「え？？ じゃあ金とか銀とかはどーするの？？ ビスマスは⁉」

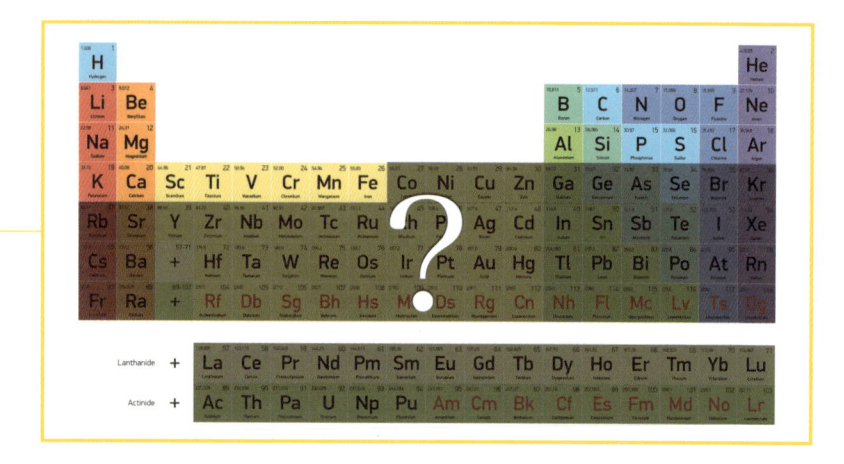

「だよね‼ まだまだ自然元素はいっぱいあるじゃん！ って話なんだから、これよりもっとすごい星があるんじゃないか？ そういうふうに思えてならないよね。当然科学者ももっとすごい星を探しているんだけど、本当のところはまだよくわかってない。でも最近の調査でこれじゃないか？ っていうのが見つかったらしい‼」

元素の工場その３：中性子星‼！

ものすご ──── くバカでかい星‼！ と思いきやその逆。ものすご ──── くちっちゃい星、それが中性子星。直径10Km？ くらいの星としては限りなく小さな星！

「どういうこと?? ？」

星というのは死を迎えたとき、爆発してチリになってしまうことがほとんどだが、まれに爆発（発散）の寸前に発生する中心のエネルギー、すなわち重力に引き込まれて逆に小さく収縮すること

がある。とっても不思議。ものすご ━━━ く収縮するとブラック
ホールが誕生する。これが天文学の知識。しかしもっともっとまれ
に、ブラックホールにはならず、ものすごく小さな星の状態で安定
することがある。これが中性子星が誕生するストーリー。

そう！ ものすごくバカでかい星の質量が、そのまま小さな星に凝
縮されてるということなので、体は小さいけど、中性子はすごい重
力を持つ。中性子星では、スプーン一杯の土で数十億トンというヤ
バイ状態になってしまうんだとか!!

 「ってことは、この中性子星が死を迎えて爆発したときに!!!」

 「イイ線いってる！ けど、天文学者の計算によると、実際には
もっとスゴイことが起きているらしい！」

なんと、まれにしか誕生しない中性子星と、これまたまれにしか
誕生しない他の中性子星、その2つの中性子星が奇跡的確率で巡り
合って衝突したときに、ミラクルは起きる！

超高温、超高圧の凄まじい衝突により、宇宙最強のエネルギーが生まれる。そのエネルギーの中、元素がすさまじいエネルギーで衝突して合体！ こうして、鉄よりも重い元素ができるというのだ!!!

「そう!! 金はそのときに、宇宙の奇跡の出会いによって、わずかに生まれる！ 金が貴重なのは、地球上に少量しか存在しない希少な金属だから！ なんて話のもっと裏側には、そもそも金を作るためには文字通り奇跡が起きる必要があったから!!! はるか昔に、遠くの宇宙のどこかで起こった奇跡、その奇跡の爆発の後、長い旅路の末に、地球に金元素が飛んできたんだ!!!」

 「……!!!」

あまりにスケールの大きな話に圧倒され、子どもたちは目を見開き、静まり返って話を聞いている。

「いやぁ、すごい!! 今度から金の輝きを眺めるときは、宇宙の壮大なロマンを感じずにはいられないぜ!!」

そして、こうした事実をひとつひとつ組み合わせていったとき、見えてくるもうひとつの事実がある。授業はクライマックスへ。子どもたちに、元素の世界に秘められた、感動的なヒミツを伝える。

　夜空に輝く星々。そのひとつひとつの輝きは、元素を作り出す輝きだ。

　宇宙が誕生した150億年前の太古から、星は光とともに元素を生み出し続けてきた。水素をヘリウムへ。鉄へ、金へ。すべての元素は、星たちの膨大な努力の結果だ。そして、星が力尽きたとき、爆発とともに自分が作った元素を宇宙に放出し、遠くへ届ける。

　その結果、この宇宙は多様な元素であふれ、そのはてに地球が誕生したのである。

　私たち生命は、海から生まれたという。海に生まれ落ちた生命が、長い進化のはてに辿りついたのが、私たち人間である。これはひとつの事実かもしれない。

　しかし、その私たちを構成するひとつひとつの元素に注目すると、また違う事実が浮かび上がってくる。

毎日使う道具、身につけるアクセサリー、体の細胞。それらの元素はすべて、はるかかなた、膨大な時間の積み重ねによって、星たちが生み出したものだ。

　私たちの体には、宇宙のどこかで数々の星が生まれては死んでいった、その長い時間の記憶が刻まれている。

そう、私たち人間は
「星の子」でもあるのです。

元素編　完

探究学舎の授業は「問い」とともにある。元素編で言えば「元素って何?」という問いからスタートして「自然元素はどうやってできたか?」まで、いくつもの問いを投げかけてきた。あるときはその問いに対して自由に対話をさせたり、またあるときは間髪入れずに答えを解説したりする。対話と解説が縦糸と横糸のように織り込まれ、探究という一枚の布ができあがっていく。だがその起点は、常に「問い」なのである。

「問い」はなぜ重要なのか? また「問いかけられる体験」は子どもたちにとってどんな意味があるのだろう?

実は子どもだけでなく大人も、日頃から「問い」を立てながら生きている。「どうしてだろう?」「なぜだろう?」「どっちにしよう?」と、人生のあらゆる場面で問いがある。あるときは無邪気に、あるときは真剣に、こうした問いと向き合い続ける。そういう意味で人間は「問いを立てる存在」と言っていいのかもしれない。

しかし、問いと向き合うのは容易ではない。考えを巡らせているうちに「まあいいか」と投げ出してしまうことがほとんどだ。だから人は、対話を求める。一人で向き合うことは難しくとも、みんなで話し合いながら答えを探していくのは愉快である。「こうじゃないかな!?」「いや、きっとこうだ!」そんなふうにしてワイワイやりながら、みんなが腑に落ちる答えを探していく。そうした対話を、人は心地いいと感じる。

だから授業の中にも、「問い→対話」というプロセスが必然的に組み込まれることになる。そうやって、参加するみんなの気持ちを盛り上げて、楽しい気持ちを醸し出すのだ。

しかし、それだけではない。
問いかける理由は、それだけではない。

問いかけることを通して、子どもの中にあるひとつの能力を高めようとしているのだ。その能力とは「問いに向き合う力」である。

前述したように、問いと向き合うのは容易ではない。だから人は対話を求め、みんなの力を借りて向き合おうとする。しかし、ひとりで静かに向き合わねばならぬこともある。それが人生だ。ただひたすらに、粘り強く、向き合い続けることによって初めて答えが見えてくる、そういう問いが人生にはある。

その究極の問い。それが「人生をどう生きるのか？」。

簡単に答えは出せないだろう。もしかすると一生のあいだには出ないかもしれない。しかし、答えてほしい。自分の力でその答えを見つけてほしい。その答えを胸に刻み、人生を力強く歩んでほしい。私たち大人はそう思う。子どもを前に、親や先生はそう思う。

人生の中で向き合うことになるさまざまな問い。そこに向き合う力を育むために私たちができること、それが「問いかける」ことなのではないだろうか。

「お母さん、お父さんたちの感想は？」

「子どもは探究！ お母さん号泣！」「親子でハマる魔法の授業」とまで言われる探究学舎。実際に授業を見学したお母さん、お父さんに率直な感想を聞き、さらには子どもたちがその後どのような変化、進化をとげたのか。経験者ならではの言葉に耳を傾けてみましょう。

みなさんの感想

編

● 小1男子のお母さん

「お題がいきなり元素って……」と不安でしたが、息子は、一気に引き込まれていました。

　探究学舎に入会を決めたものの、最初のお題がいきなり元素。「元素って……高校でやるやつやん。しかも私も高校のとき、ちんぷんかんぷんだったやつやん。これ、しくじったらもう二度と行きたくないってなるかも」と、かなり不安なまま通わせはじめました。

　しかし！ 1回目から授業に引き込まれ、「次までにね、これ覚えるの！」と目を輝かせる様子にびっくり。授業を数回受けたあとは、生活の中でも「これは何の元素が入っているのかなー」と言い出すようになりました。分子模型作りはパズルみたいでおもしろかったようですが、これは私もハマり、子どもが寝た後にけっこう楽しんでいます（笑）。

● 小5女子のお母さん

親子で、どうして夢中になれたのか？
知識を得る喜びを知りました。

　娘は予備知識ゼロからスタートしたのですが、授業のあとすっかり「元素ファン」（本人談）。新聞、テレビなどで、元素に関する話題が出てくると、すぐに反応するようになりました。元素に関連する本を熱心に読んだりして、探究でもらった元素の種が、す

くすく育っていると感じます。実は後ろの席で授業を見ていた私まで、「元素のことをもっと知りたい！」という気持ちにさせられました。

　親子そろって、どうしてこんなに元素に夢中になれたのか？子どもたちは、ゲームで盛り上がったのもよかったのかもしれません。けれども、それ以上に大きかったのは、新たな知識を得る喜びを得たことだと思います。この世界、そして宇宙はこういうもので成り立っているんだということを知って、純粋に知的な興奮を味わったのでしょう。これがまさに、宝槻先生がいつもおっしゃる「驚きと感動」なのですね。
「おもしろい！」「もっと知りたい！」という気持ちをモチベーションにして、自分で知識を広げていくという理想の形。それが得られるのが、探究学舎の授業なのだと思います。

● 小1男子のお母さん

「元素」にどんどんのめり込んでいき、
「授業が待ちどおしい」と言ってます。

　探究学舎に通い出し「毎週の授業が待ちどおしい」と言っています。探究学舎での初めてのテーマが「元素編」でしたが、途中からの参加であったにもかかわらず、ものすごくのめりこんで夢中になっていく姿が、とてもまぶしかったです。

　元素編を受けたあとのいちばんの変化は、毎日の話題に必ず元素が出てくることでした。「もっと知りたい」という気持ちや、「自分で学んだことを先生に伝えたい」という欲求が高くなった

ように思います。「元素の歌」は、ご機嫌ソングの定番になっていて、楽しそうなときは無意識に口ずさんでいるようです。本人も歌っていることに気づいていないのか、たまに、勉強しているときや、本を読んでいるときにも歌っています（笑）。

● 小3男子のお母さん

子どもには最高の道案内をしてあげたい。だから探究学舎の授業が必要なんです。

親だったら誰でもわが子に最高の道案内をしたいと思っているんです、頭では！ でも、こと勉強に関しては自分が楽しく勉強した原体験がない上に、日々あわただしくて、喜ぶ顔を想像しながら学習を組み立てるなんていう時間もない。

そしてほとんど学校任せのまま、あっというまに時間は過ぎていく。当然のように受験がやってきて、けっきょく「やる気は自分次第！」なんて乱暴でおしつけがましいことしか伝えられなくなって……。

不満の根底に、そういう自分自身へのいらだちを多くの親は持っているのではないでしょうか。そういう親が待ち望んでいたのが、まさに探究学舎のような授業なのだと思います。

● 小1男子のお母さん

日々の生活で「元素」の話題に敏感になり、ノーベル賞まで、ねらい始めました（笑）。

「元素編」の授業を親子で毎週楽しみに通うことができました。

「元素編」の授業を終えて、日々の生活で元素の名前が出てくると、息子はとても敏感に反応するように変わりました。いままでだったらさらりと流していたと思いますが、いまは「この元素はどんな特徴だったっけ？」とすぐに復習したりしています。元素が本当にわが子にとって身近なものになったようです。

また、元素の発見に携わった偉人のことも多く学ばせてもらえたので、「僕でも、もしかしたらノーベル賞とれるかも」と、ノーベル賞をも身近なものに感じ始めました！

● 小5男子のお母さん

息子は自分で元素を作り出し、実在するかを調べて、家族までも元素にたとえます（笑）。

元素の授業の後、息子は価数を考え自分で元素を作り出し、それが実在するのかを調べていました。また、家族を元素にたとえて（？）、みんなで手をつなぐということをやり始めたのですが、「そっか、階段を降りるときに、ぼくが不安になって手をつなぐのも元素と同じ気持ちだったんだ」とひとりで納得していて、そのユニークな発想に親ながら、おおいに感心してしまいました。

「子どもたちがつくった素敵なもの」

探究学舎は「子どもたちの好奇心、探究心に火をつける」授業をする教室です。元素、算数、経済金融、宇宙、戦国時代、人体などをテーマにした「驚きと感動の種」を、子どもたちが自分から芽生えさせ、育て始める。そんな子どもたちがつくりだした驚きの作品を紹介しましょう。

生徒の作品集

編

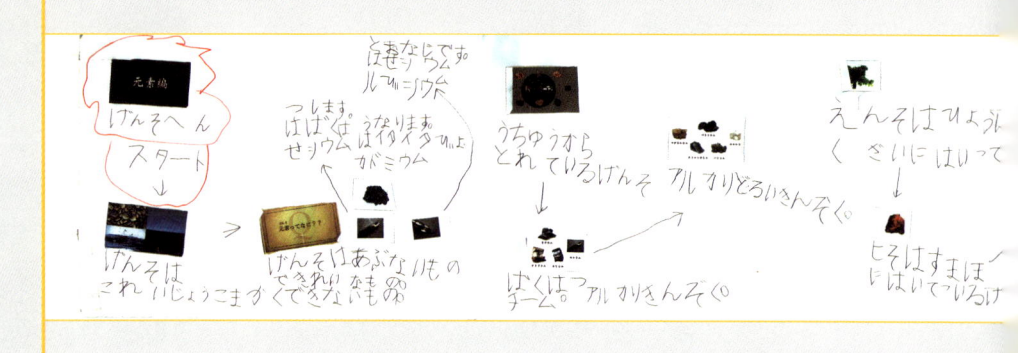

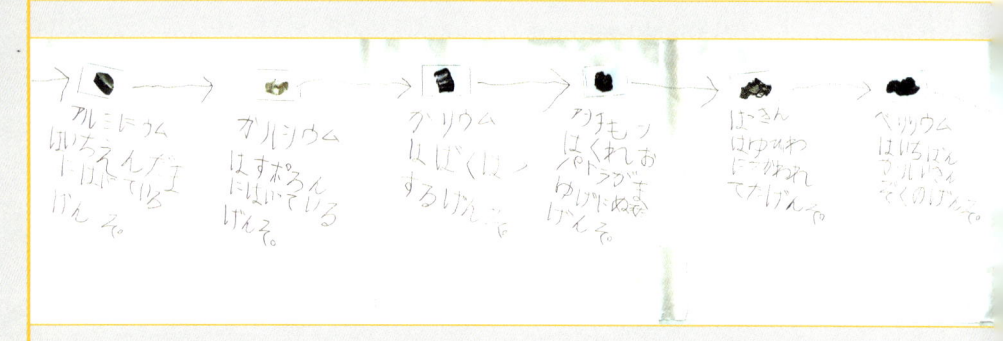

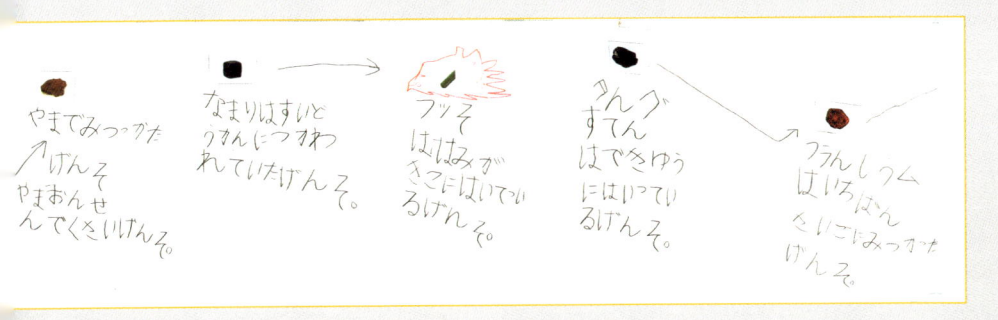

やまでみつけた
けんそ
やまおんせ
んでくさいけんそ。

なまりはすいと
つかいにつかわ
れていたげんそ。

フッそ
ははみが
きこにはいてい
るけんそ。

リンゴ
すてん
はでぎゅう
にはいってい
るげんそ。

フランしウム
はいろはん
をいこにみつけた
げんそ。

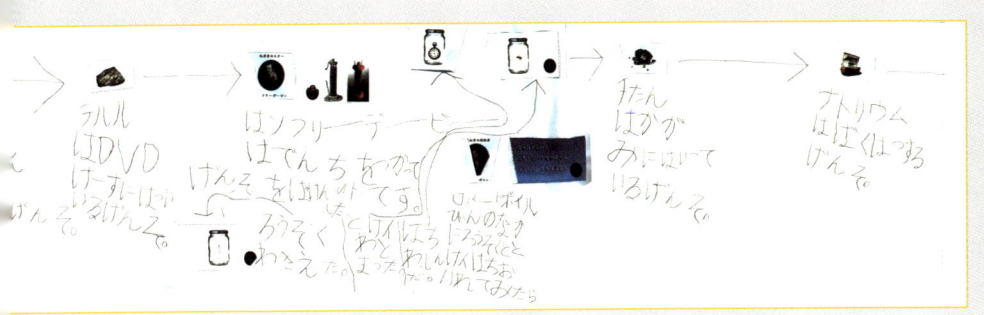

アルル
はDVD
けーすーはつ
かうけんそ。

ゲルマニウム
はんフリーテープ
はでんちをつかう
けんそ。ろうそく
にワイルを
わさえた。

ロドーヴォイル
いんのなか
つうよくと
わしんなはお
いれてみたら

たん
はかが
みにはいて
いるげんそ。

ナトリウム
ははくはつする
けんそ。

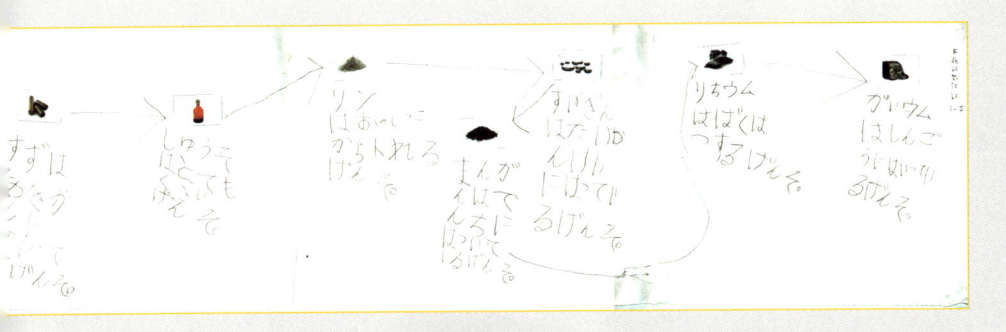

すずは
まク
ハ
げん
そ

しゅうてつ
はきいても
とけ
そ

リン
はおいに
からとれる
けんそ。

すいそ
はたいゆ
んきに
まんが
はでい
くんでて
いるげんそ。

りちウム
ははくは
するけんそ。

ゲリウム
はしんご
うりにつか
うげんそ。

谷尾旅人
くんの作品

さいしょは、めんどくさいとおもっ
たけど、やってみたら、たのしかっ
たです。げんそへんは、たのしかっ
たです。のりでかみをはりつけるの
がすごくたのしかったです。まきも
のをつくってコインをもらってビス
マスがでてよかったです。

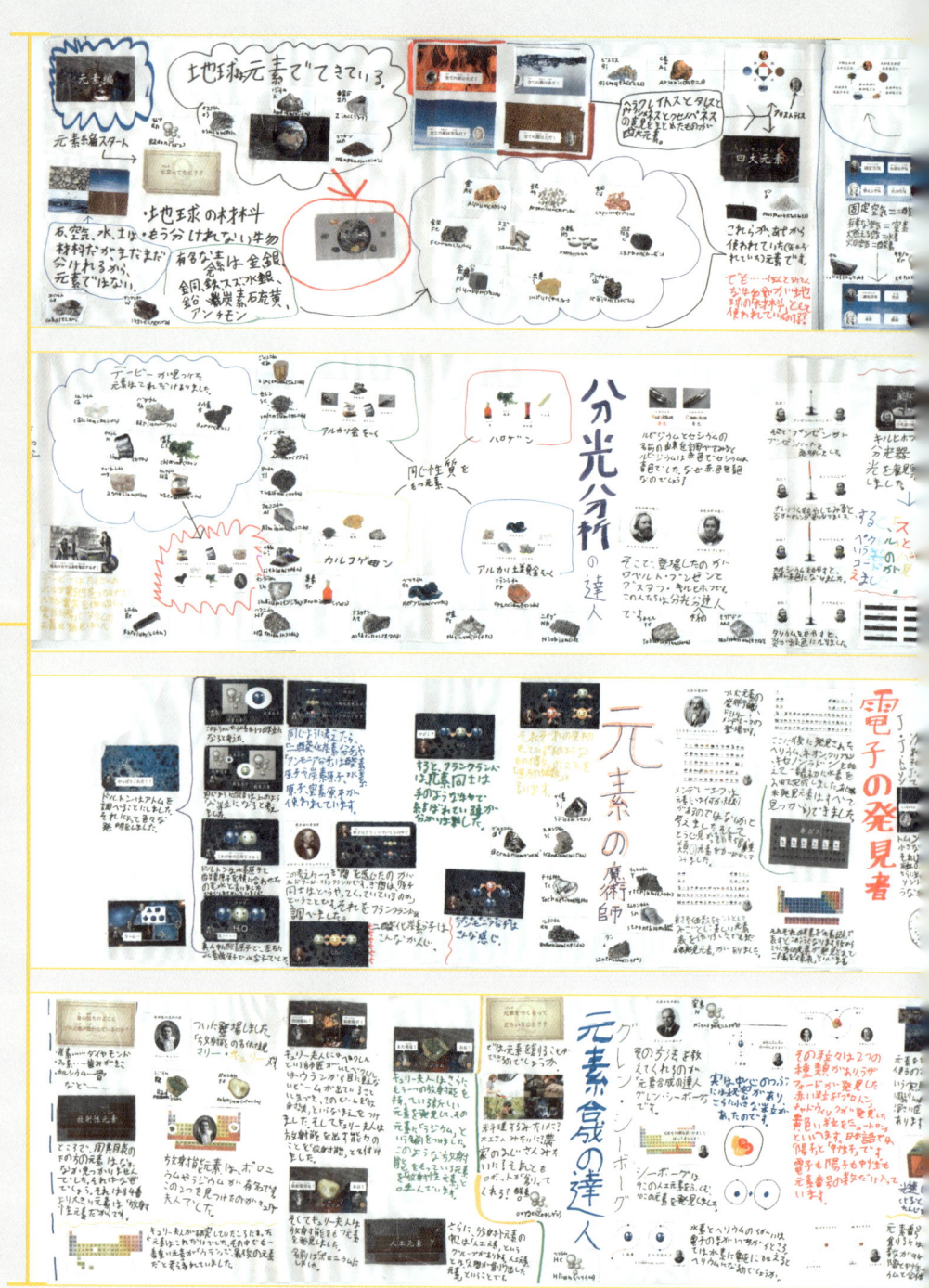

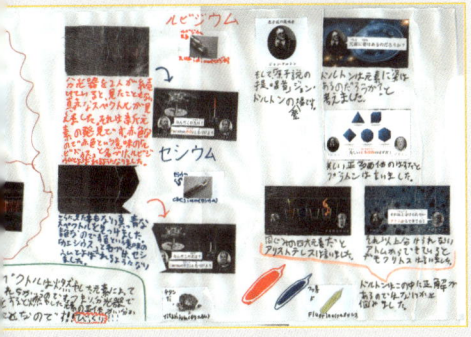

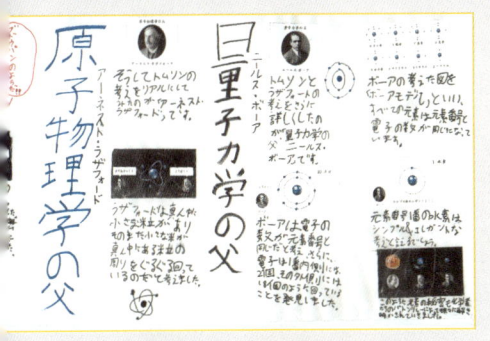

吉岡想流

くんの作品

元素編が終わって、元素は地球のレシピという事や元素をほとんど覚えれた事が心に残りました。スペシャル授業で原子のならび方を知り、元素は奥が深くておもしろいものだなと感じました。このように、身の回りの物は元素だとわかり、いじくりたくなりました。巻物は大変だったけど、22ページができあがったときは、バンザイをして大喜びしました。お気に入りの元素は、ビスマスと金です。

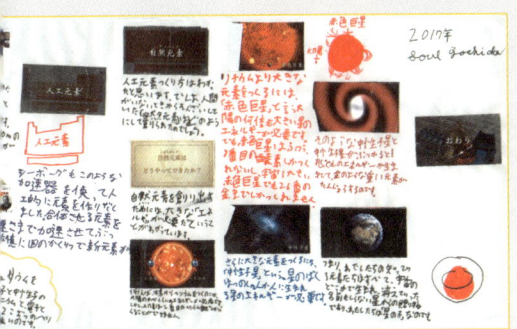

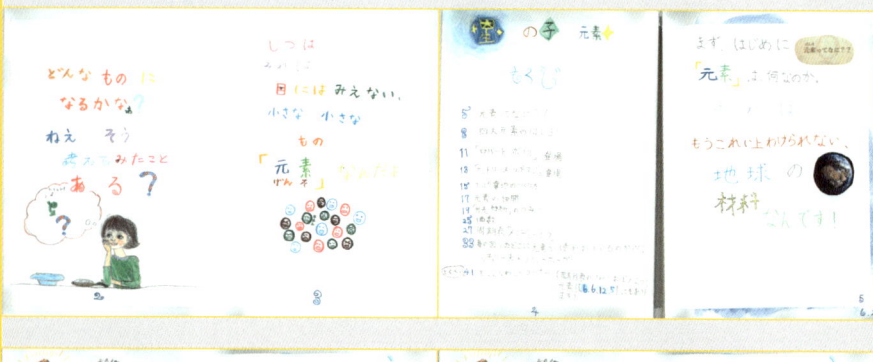

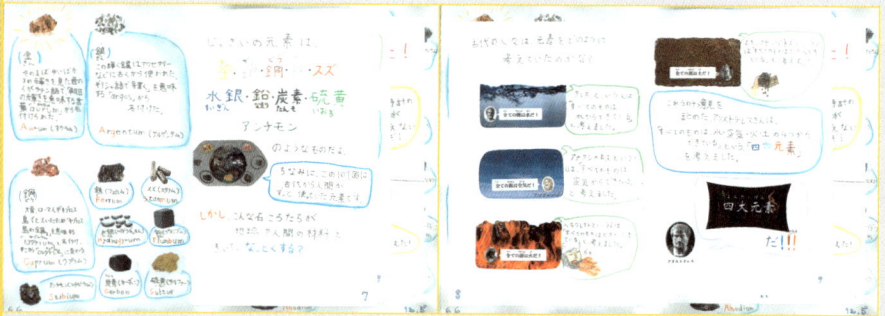

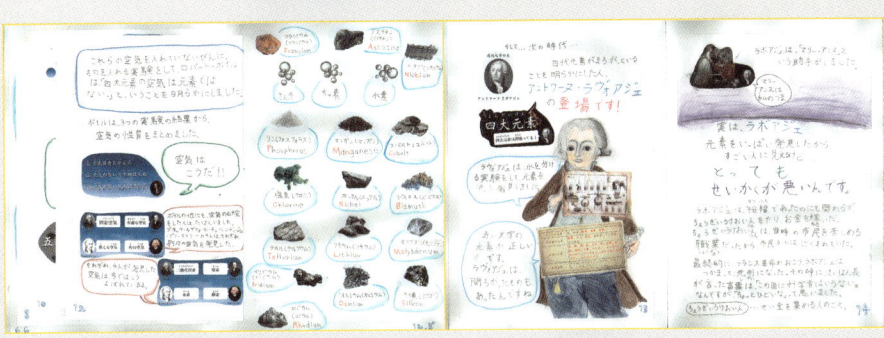

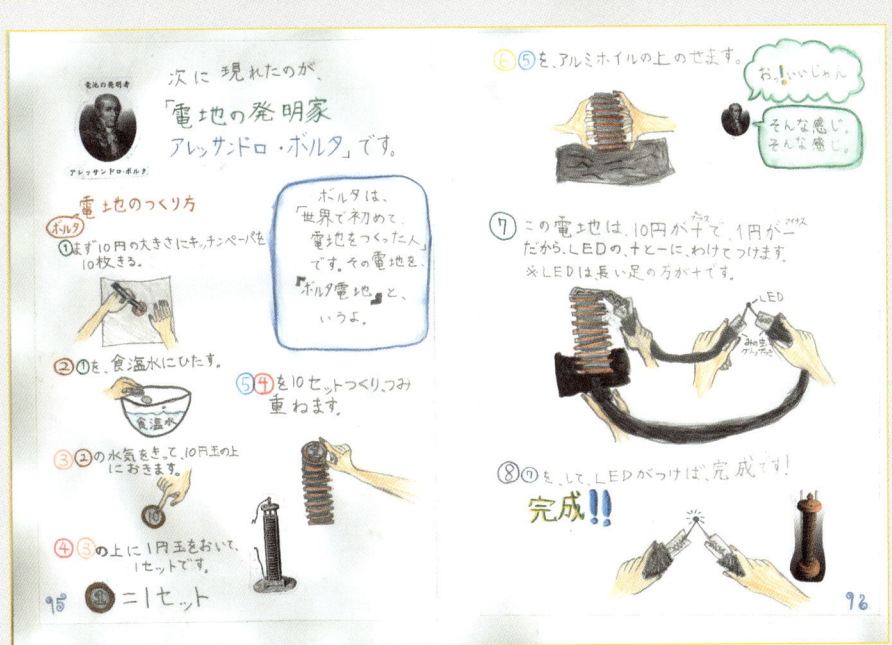

ついにあらわれた!!!
元素の密秘を解き明かした、大大大大大大大大天才!!
元素の魔術師
ドミトリー・メンデレーエフです!!!

うまく埋まらないところに、後に発見された希ガスという元素のグループを加えました。希ガスは、ヘリウム、ネオン、アルゴン、クリプトン、キセノン、ラドンです。

ちなみに、今ではメンデレーエフの予言の通り未発見元素はすべて見つかりさらに水素を加えた表ができあがりました。

今では、さらに多くの元素が発見されて、表は、左のような湯の中に入ってるようなものになりました。これを「完全周期月表」とよびます。

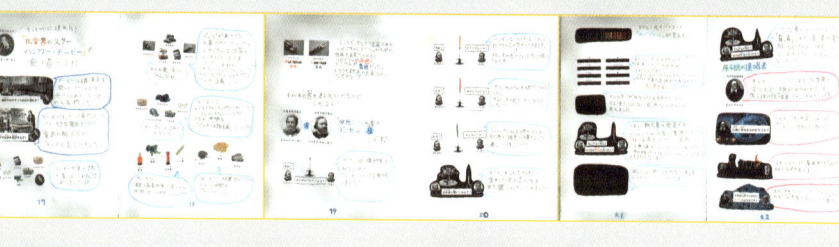

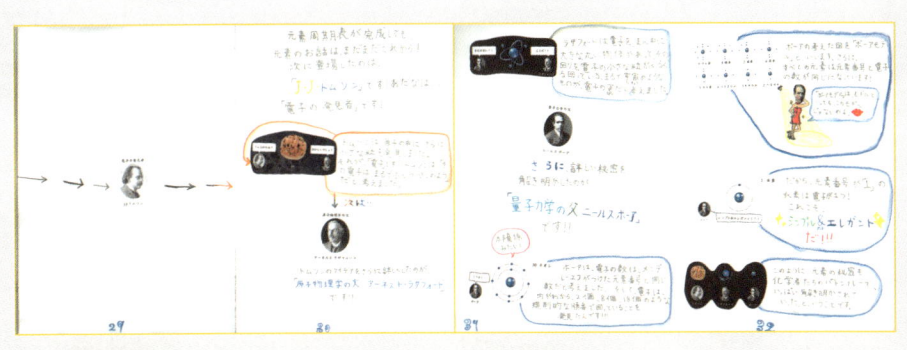

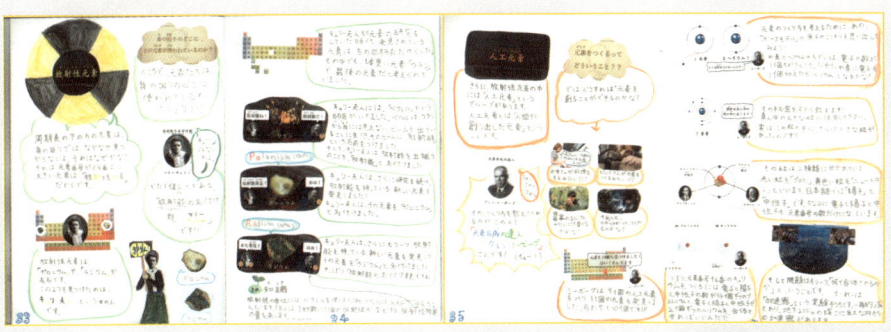

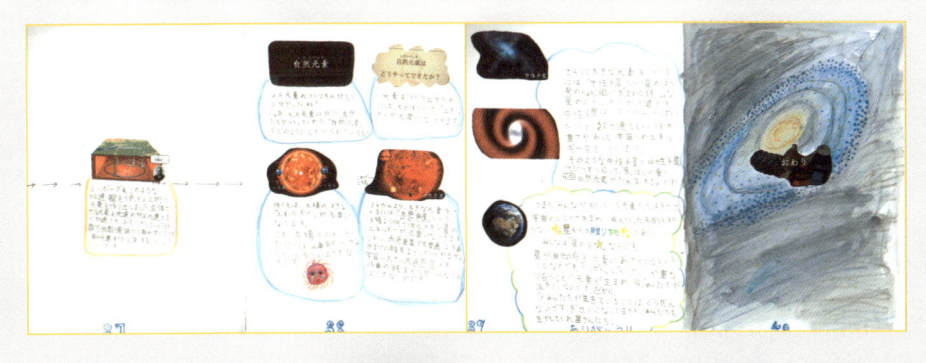

佐藤珠響

さんの作品

元素編の授業で1番心に残ったのは、「星たちが犠牲になってまでも私たちを生み出してくれた」というところです。感動して涙がポロポロ……。星たちに感謝の気持ちを持てました。

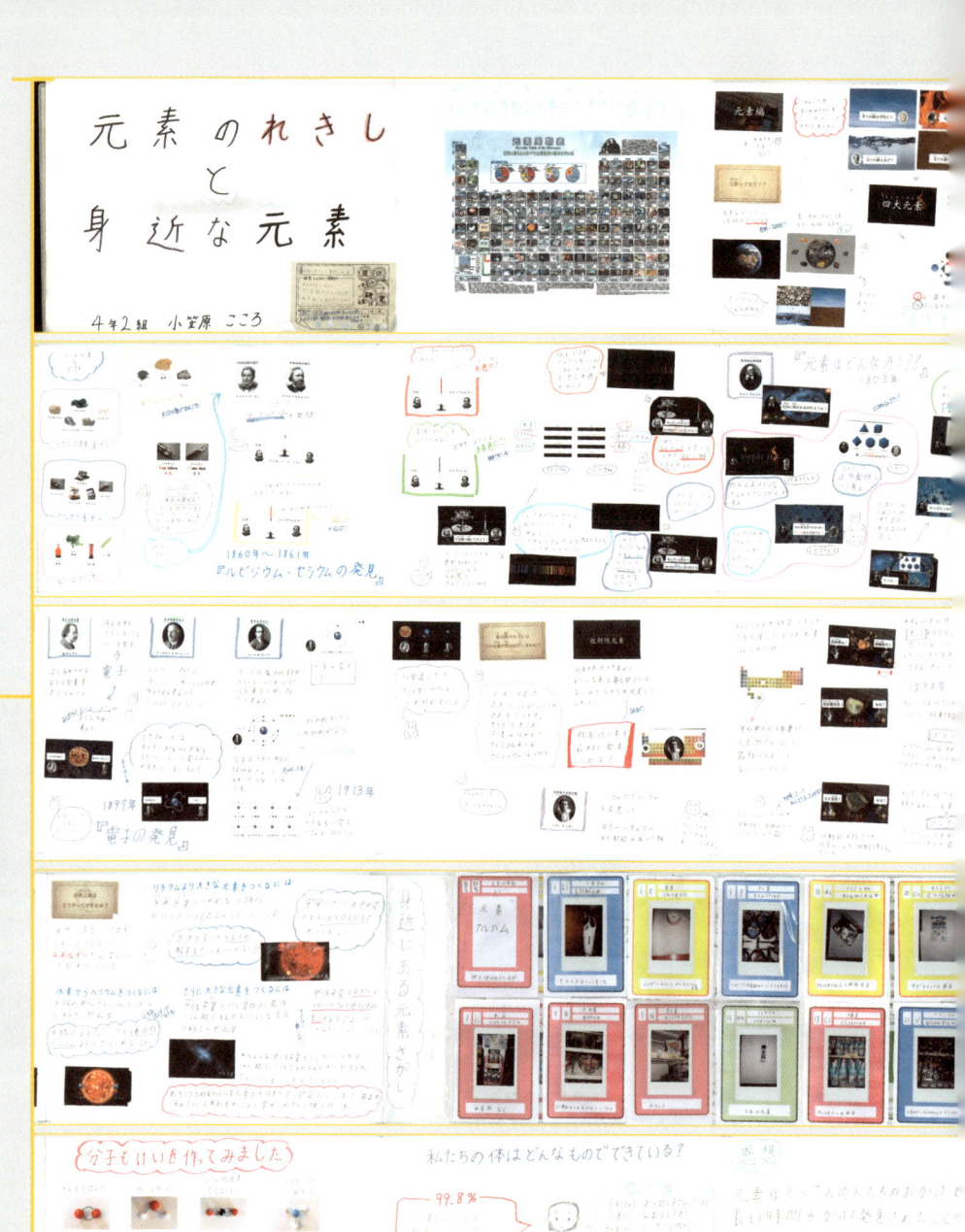

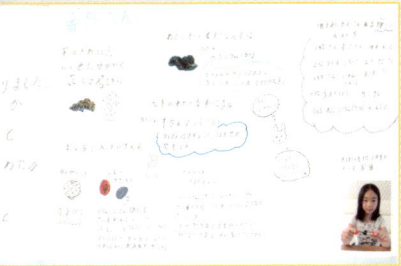

小笠原こころ
さんの作品

すべてのものが元素でできているのがびっくりした。元素はきれいなものが多くて見ているだけで楽しい。キラキラした宝石のもとと同じ元素が自分のなかにもあるのがとてもうれしい。

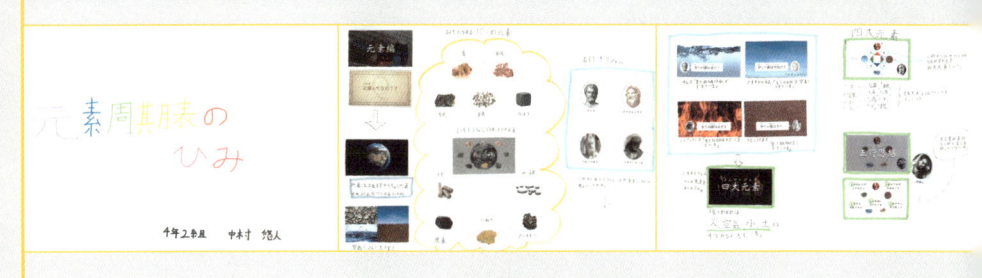

元素周期表の
ひみ

4年2年組　中村　絡人

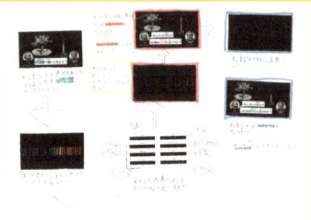
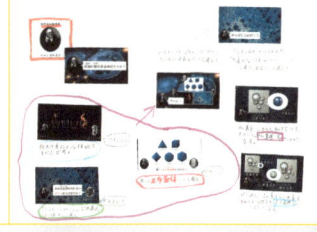

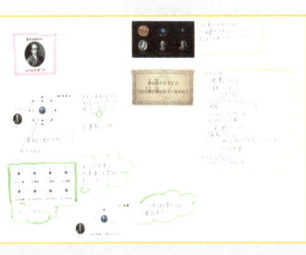

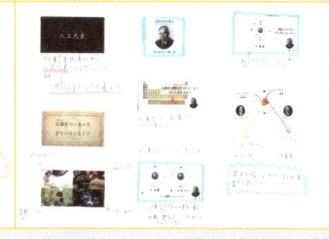

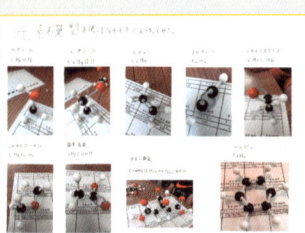
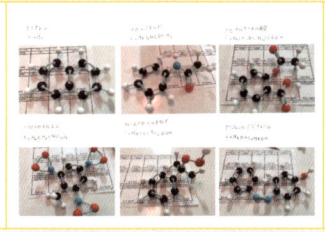
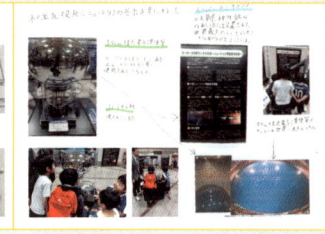

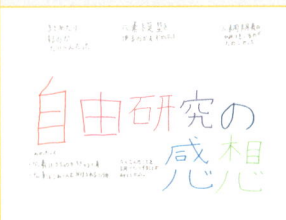

自由研究の
感想

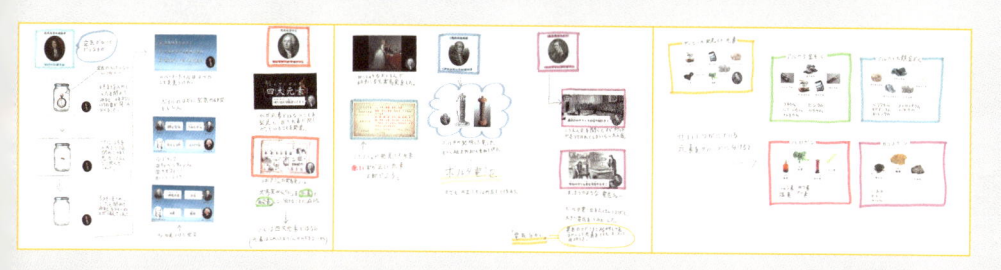

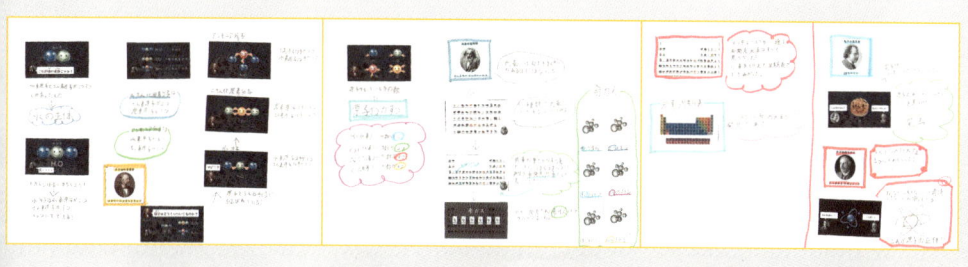

中村悠人

くんの作品

元素へんをうけるまえは元素のことをそんな知らなかったけれど元素へんをうけて元素のなぞは科学者のちえなどでとかれたんだなと思いました。もっと元素のことを知りたいです！

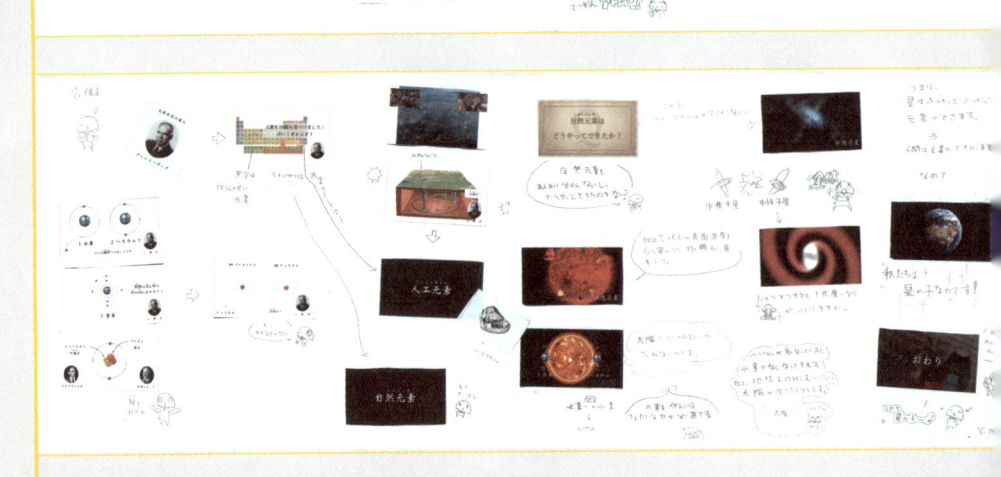

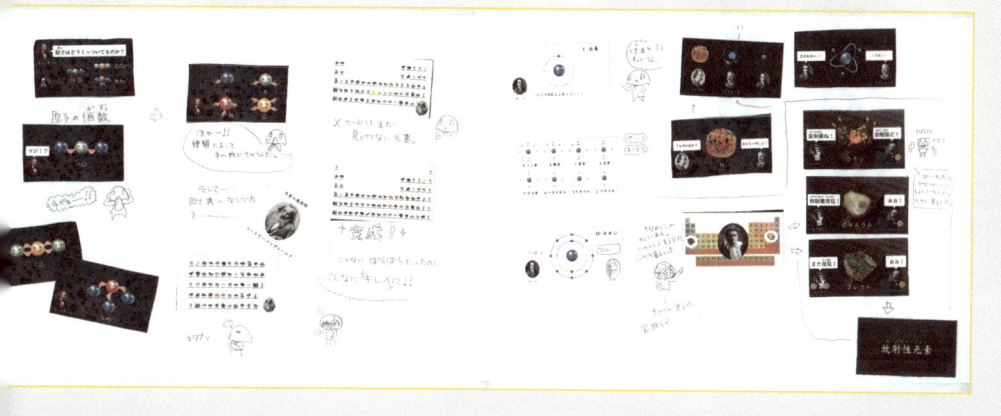

授業はゲームや内容が面白かったし、元素図鑑も色々な物を調べて書いていくのが楽しかったです。その後、学校でも元素の事が出てきたので習ってよかった！と思いました。

伊藤史緒
さんの作品

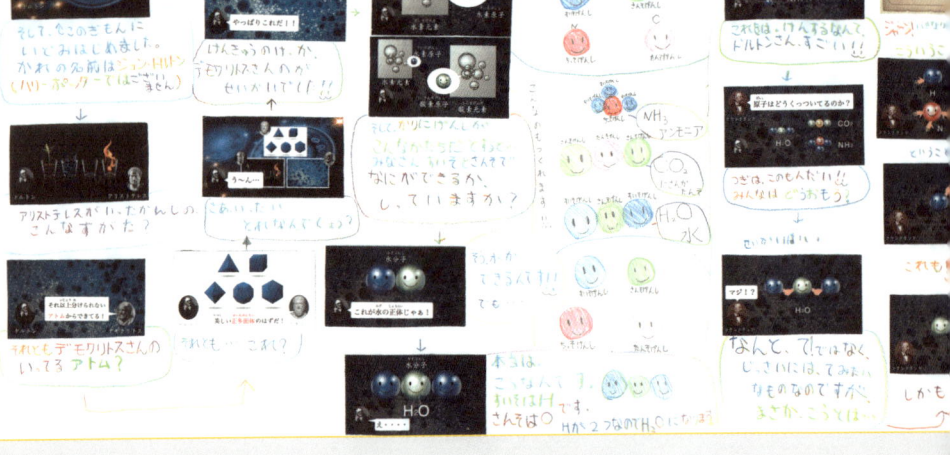

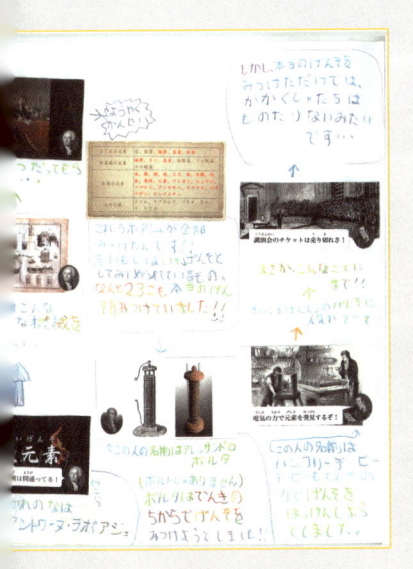

真田陽花
さんの作品

元素のことを知るとびっくりするぐらい奥が深くて面白かった！元素は身近なものだとわかった。元素を食べてみたら美味しくてびっくりした！

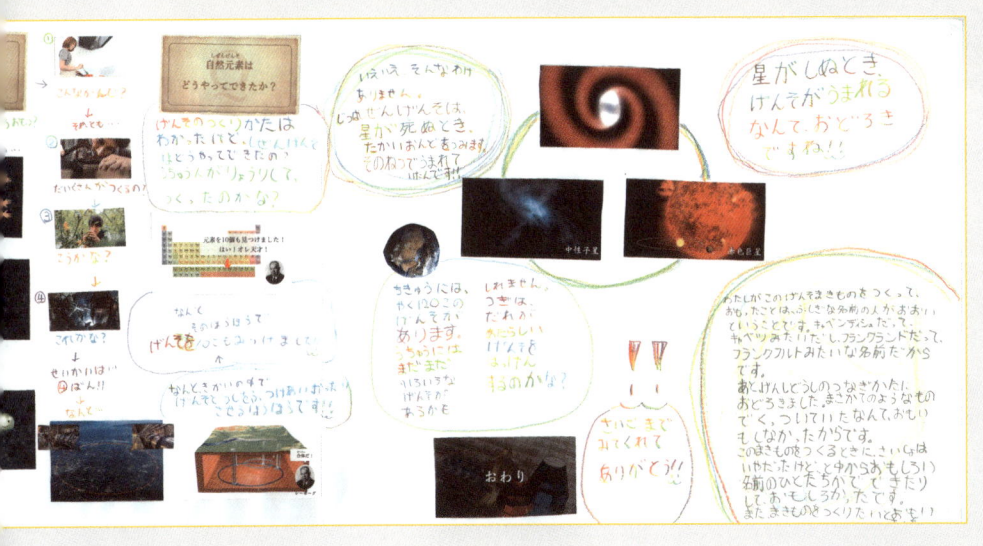

▼ 子どもたちの作品は、こちらで見られます。
http://tanqgakusha.jp/work/element/

探究学舎
「スゴイ秘密」

その4

「ほかにはどんな授業がありますか？」

「探究」ラインナップ

編

探究学舎の授業は、もちろん「元素編」だけではありません。子どもの好奇心に火をつける魅力的なラインナップが揃っています。今回はその中でもとくにオススメの「戦国合戦編」「宇宙編」「生命進化編」「経済金融編」「算数発明編」を紹介します。

戦国合戦 編

戦国武将をしのぐ作戦をひらめくことはできるのか。アイデア力で挑む探究です。

戦国合戦編では、戦国武将の人生ではなく、ひとつひとつの「合戦」にフォーカスをあてます。桶狭間や長篠など、さまざまな合戦ジオラマを用いて「君ならこのとき、どう軍を動かすか？」という問いに挑戦してもらいます。いわば戦国合戦シミュレーション！

また、難攻不落の城のデザインなど、戦国時代が大好きな子どもの探究心をさらに刺激するプログラムです！ 戦国時代の魅力のひとつは人物ですが、もうひとつは戦いです。命をかけた戦いに、知恵と工夫を吹き込んだ戦国武将たち。その英知をひとつひとつ体感することが、このプログラムの何よりの魅力です。とくにジオラマを使って陣形を作ったり、動かしたりするアクティビティは大好評！

みんなで、相談しながら戦国武将をしのぐ作戦をひらめくことはできるのか!? 発想力とチームワークで挑む探究です。

▶戦国ジオラマで陣形作り！

勝負の駆け引き、同盟や裏切りなどの調略活動。ひらめきが磨かれる授業です。

● 戦国ジオラマ陣形づくり

槍兵・鉄砲兵・騎馬隊長といった駒を、戦場のどこにどのような陣形で配置するのか、戦国武将になりきってチームで考えます。「鶴翼の陣にしよう！」「いや、そこは……」。ひらめきとチームワークが問われます！

● 城のデザイン（レゴ）

戦いの毎日である戦国時代において、百戦錬磨の武将たちが攻め落とすのに苦労した「お城」とはどんなものだったのか。自分たちの知識やアイデアを総動員して、難攻不落の城をデザインし、実際にブロックで作り上げてみます！ プレゼンテーション能力も重要です！

● 戦国国盗り合戦

クイズに正解したり、授業中に活躍するたびに「国」をゲット。全授業を通して、いちばん多くの国を獲得したチームには何か景品が!?　授業の最後には、毎度大盛り上がりの「国盗りクイズ合戦」も待っています！

● 城攻め神経衰弱

平城や山城が描かれた「城カード」と、戦国武将や城攻めが描かれた「アイテムカード」を組み合わせてペアを作る戦国版神経衰弱。集中力の必要な神経衰弱を通して、戦国時代の城の知識と記憶力が鍛えられます！

● 陣取り戦略ゲーム

20ほどの陣地を6チームで取り合うというシンプルなボードゲーム形式のアクティビティです。しかし、勝負の駆け引き、同盟や裏切りなどの調略活動、さまざまな要素が組み合わされた戦略ゲームです!!

● 小学3年男子のお母さん

いつもはなんでも飽きる息子が、授業で使ったジオラマを家で作って遊んます。

すぐに飽きてしまう息子が、最後まで集中して楽しく学ばせていただきました。終わって帰宅するなり、授業で使ったようなジオラマを作成していました。ほかのお友だちにも影響されたみたいで「僕も、もっとくわしくなりたい」と言っていました。

● 小学3年男子のお母さん

考えの違う子どもと意見交換しながらの授業に、とても刺激を受けたみたいです。

待ちに待った戦国合戦編。気合いを入れて参加しました。今回はグループでの授業スタイル。考え方の違う子どもたちと意見交換をしながらの授業は、とても刺激を受けたと思います。プレゼンテーションのヒントもためになったようです。また参加します。

● 小学2年男子のお母さん

子どもに教わることで、親子の会話が楽しくなり、私までワクワクしています。

家では武将の話ばかりです。授業中はあまり積極的に発言したりしない子ですが、好奇心の芽は確実に育っていると感じます。

いまでは、私が子どもに教わることも多いです。子どもとの会話が保育園時代よりもずっと楽しくなり、私も彼の興味を引き出す方法を考えることに、ワクワクしています。

● 小学3年男子のお母さん

プレゼンのしかたや、チームワークまで学べて、親としてはとてもありがたいです。

「生命進化編」を受けて以来、カンブリアモンスター図鑑などを数か月も読み続けるなど、とてもハマっていました。それもあって、今回の戦国合戦編は、ずっと楽しみにしていたようです。学ぶことが多く、むずかしい部分もありつつも、戦法を考えたりすることが、とても楽しかったようです。プレゼンのしかたやチームワークに言及してくださることも、子どもに身につけてほしいことなので、親としてはもありがたいです。

● 小学4年男子のお父さん

戦略は心のさぐり合い。空気を読む大切さを学ぶことができたのは、よかったですね。

子どもの目が輝きまくってました。戦略を立てるゲームが、おもしろかったです。戦略は心のさぐり合いがあるので、空気を読む大切さを学べたと思います。このように、学校とは違う場で友だちができるのはいいことです。グループの子どもも、とてもいきいきしていて楽しかったです。

宇宙 編

**地球の大きさを測り、惑星の軌道を求める
科学者の挑戦を、追体験する探究です。**

　ビッグバン、ブラックホール、セファイド、ダークマター。宇宙についての数々の謎は、どのようにして解かれてきたのか？

　宇宙の謎を解き明かした科学者たちの、2500年にもおよぶ熱き挑戦の物語をひも解く大人気プログラム！ コペルニクス、ガリレオ、ニュートン、アインシュタイン、名前や顔は知っていても、彼らが成し遂げたことを説明できる人はそう多くないと思います。「宇宙編」では、科学者たちが宇宙のどんな謎に挑み、どうやって解決したのか、そのストーリーをひもときながら、彼らの挑戦を追体験できるアクティビティに挑戦していきます！

▶太陽の大きさを体感しよう！

　地球の大きさを測ったり、惑星の軌道の求めたり、宇宙の姿を証明したり、アクティビティを通して科学者たちの偉大さが実感できるはずです！

科学者たちが挑んだ宇宙の謎に追体験し、その偉大さを肌身で体感する授業です。

● ガリレオ裁判

人が宇宙に行ったこともない時代に、ガリレオはどうやって地動説を証明したのか。「金星満ち欠け」「木星の衛星」「太陽の黒点」「月にできる影」など、ガリレオが望遠鏡を使って観察した数々のスケッチをもとに、「地動説こそが真実だ！」と君は証明できるか？

● 地球の大きさを測れ！

太古、ギリシャ人はすでに地球の大きさをかなり正確に把握していた。いったいどうやって測ったのだろうか？ エラトステネスが地球の大きさを測った方法はどんなものだったのか、「夏至」「歩測」「太陽の角度」といったヒントから、ひも解きます！

● 星雲を見つけろ！ メシエチャレンジ！

きらめく夜空の中には、さまざまな秘密が隠されている。メシエが見つけた「星雲」たちもそのひとつ。星空のプリントされたシートに目をこらすと、あれ!? 周りの星とは少し違った天体が見えてくる。君はメシエの見つけた星雲を発見することはできるだろうか？

● 宇宙の大きさを体感してみよう

宇宙って、大きいのはわかるけど、どのくらい大きいのか想像もつかない……！ じゃあ、地球の大きさがビー玉だとしたら、太陽は？ 目に見えるもの、触れるものを使いながら、宇宙の大きさを体感してみよう！

● 小学5年男子・小学2年男子のお母さん

壮大な話の流れに感動！ 子どもたちにも知のバトンをつなげる存在になってほしい。

キティーちゃんが宇宙へ行って地球が丸いことを証明するところからビッグバンまで、話の流れ、つながりが壮大すぎて、心がドキドキしっぱなしでした。「知のバトン」をつなぐことが、どれほど重大か。子どもたちもバトンをつなげる人になってほしいです。夏の旅行先で星を見るのが楽しみです。私の中では、いちばん好きな探究でした。

● 小学3年女子のお母さん

自由な姿勢、自由な発言の場、自分を解放できる場で学べるのはすばらしい！

子どもたちがこんなに熱く興奮して、最後まで楽しく取り組んでいる姿は初めて見ました。そこまで子どもを夢中にさせる授業はすばらしい。自由な姿勢、自由な発言の場、自分を解放できているこの場所で学べることは、とても身になると思いました。

● 小学 2 年女子のお母さん

コペルニクス、ガリレオ、メシエ……。
科学者を切り口に歴史にタテ糸通りました。

膨大で漠然とした宇宙をどう料理してくれるのか楽しみにしていました。偉大な科学者を切り口にしてくれて、歴史にタテの糸を通していただきました。星座の見つけ方、星雲の見つけ方、相対性理論まで、身近でわかりやすい導入をしてくれて、「すばらしい!!」の一言です。「元素編」とのつながりも、脳内シナプスを元気にしてくれます。

● 小学 3 年男子のお母さん

宇宙に興味があるのかどうかわからない
息子でしたが、ノートまでとり始めました。

長時間でしかも息子が興味を持つかわからない宇宙について、ちゃんと聞いていられるか心配でしたが、飽きることなく、しかもなんと自分でノートに内容をメモしながら授業を受けていました。「もっと宇宙について知りたくなった」という発言まで飛び出し、驚いています。それもやはり、とても楽しい授業だったからだと思います。大人の私でも引き込まれました。「こんな授業が全科目で受けられていたら、勉強が楽しくてたまらない」と思いました。

生命進化編

40億年にわたる「命のバトンリレー」生命のミステリーをひも解く探究です。

生命はどのようにして進化してきたのか?

40億年にわたる、ヒトへとつながる「命のバトンリレー」を学ぶ生き物の授業。登場する古代生物は100種類以上‼ そのほとんどの名前や姿を、たった2日で子どもたちはマスターしてしまう‼ それほどまでに子どもたちの意欲をかきたてるスペシャルな探究です。

ただ延々と生命進化のストーリーをなぞるだけではなく、さまざまなアクティビティが仕掛けられているので、大人も子どもも夢中になって学べます。

たくさんの古代生物に巡りあいながら、謎解きゲーム・化石クイズ・紙芝居チャレンジなどなど、頭と体をフルに使って挑む生命のミステリーツアーにご招待! 恐竜好きや古代生物好きにはたまらない内容になっています!

▶子どもが熱狂!生き物クイズバトル!

いまの動物と古代の動物を比べながら、進化のクイズに挑戦して生命進化を学びます。

● 生命進化並び替えクイズ！

「ライオンって、昔はどんな姿をしていたの？」「人間の祖先は？」。現代の動物と古代の動物を比べながら、進化の並び替えクイズに挑戦！「えー！象の先祖ってこんなやつ!?」。生命進化の驚きと感動がそこに！

● 替え歌で熱狂

「先カンブリアからいきまーす！ カンブリア〜オルドビス〜♪……」。替え歌をみんなで熱唱し、先カンブリア時代から新生代までの時代を一気に覚えちゃいます♪ しばらく頭から離れなくなること間違いなし！

● この恐竜は何時代!? 時代別に生物を分けろ！

「アノマロカリスは何時代？」「カンブリア!!!」。どの生物が何時代に生息したか、カードを使って分けていきます。すると時代ごとに生物たちの姿が！「ダンクルオステウスはデボン紀なんて常識でしょ！」。

● イクチオステガの進化を追え！

いったい、どうやって生命は陸上で生活するようになったのか？「世界で初めて上陸した生物」といわれているイクチオステガの進化を追います。なぜ肺を発達させたのか？ なぜ手足を獲得したのか？ なぜ陸上に進出する必要があったのか？……進化の歴史から謎をひも解きます！

● ネアンデルタール人 vs ホモ・サピエンス

同時代に存在したネアンデルタール人とホモ・サピエンス。なぜネアンデルタール人は絶滅し、私たちの祖先、ホモ・サピエンスは生き残ったのか。それぞれの特徴から、私たちの祖先が生き残った理由を探ります。

● 小学3年男子のお母さん

わかりやすい教え方で理解しやすく、
みんなでがんばる協調性まで学べました。

「息子の1週間は、探究学舎を楽しみに過ぎている」と言っても過言ではありません。親からすると、内容は小3の息子にとってけっして簡単ではないですが、先生方のわかりやすい教え方・スライドによって理解しやすいものになっており、チームによるクイズ形式のため、みんなでがんばる協調性を学べてすばらしいです。

● 小学1年女子のお母さん

ハテナだらけだった私と娘も、帰って
お風呂の中で歌いながら楽しく会話しました。

親までも白熱した授業でした。カンブリア紀？　とハテナだらけだった私と娘も、1日目が終わってお風呂の中では、歌いながら、あーだこーだと意見をするまでに。2日目はおもしろいゲームとともに、親も子も白熱させていただきました。また来ます！

● 小学3年男子のお母さん

ふだん、学校の授業では退屈そうな息子が、
目を輝かせて授業の話を聞き入っていました。

ふだん、学校の授業では退屈そうにしている息子が、目を輝かせ

て先生の話に聞きいっておりました。親の私自身が楽しい講義
で、いまさらながら知識欲を刺激されております。

● 小学2年女子のお母さん

授業が終わって家に帰ると、子どもが図鑑を本棚から引っ張り出して大喜びです。

1日目、帰宅後に「昔の生物」「人間」「地球」「恐竜」図鑑を本棚か
ら引っ張り出して「おお!! あの生き物だー!!」と確認して大喜び
していました。いままで家で眠っていた図鑑を活用できるすば
らしいきっかけとなりました。クイズ、ゲームが多くて楽しかっ
たようです!

● 小学2年男子のお母さん

おとなしい性格なのですが、大好きな分野だと、学ぶことが本当に楽しいようです。

わが子は、自分の意見や思いはあるものの、比較的おとなしく、
目立って前へ出ることはないのですが、こちらの2日目の授業で
は、自ら発言したくなって手を挙げる姿が見られました。大好き
な分野で、自分で受講を決めたため、学ぶ気持ちも高まったよう
です。好きなことの知識を深める学びであれば、これほど楽しく
取り組めるのだと強く感じました。

経済金融編

実際に株式を購入して仕組みを学び、世界の貧困や格差も考える探究です。

　通貨、利子、株式、格差など、経済や金融をとりまくシステムはいつ、どうやって生まれたのか？ 経済はどんな仕組みでまわっているのか？ 投資家や起業家はどうやってお金を稼いでいるのか？ 経済・金融の仕組みを楽しく学べる超入門プログラムです。
「みんなもお金持ちになりたいか!?」の問いかけから出発する「経済金融編」。まずは起業家と投資家が大金持ちの理由、「株式」の仕組みについて学びます。目玉はなんといっても実際の「株式購入」！ 実際に株式を購入して本当に儲けが出るのか実践！ リアルな体験に子どもたちは、いままでやったことのない「株式投資」に熱中します。

▶株価の動きを予想しよう！

　後半は「格差」がテーマ。起業家や投資家がお金持ちになる一方で、世界はたくさんの貧困層であふれています。広がり続ける格差をどうすれば乗り越えることができるのか？ 真剣な白熱教室が始まります。

世界の困っている人たちに実際に援助をして、お金の本当の意味を考えてみます。

● みんなのそのお金、どうする？

10円あったら何をする？ 100円、1000円、100万円、1億円あったら？ ふだんから使うお金。いったい何に使ったらいいんだろう？ お菓子を買う、貯金、家を建てる……。経済金融編を通して、お金の使い方に関する考え方が変わる！

● 君も起業家になれる!? 起業家すごろくゲーム

リスク管理、投資、損益……。そんな言葉の数々を自分が起業家になり、すごろくに参加して体験できます！ 「さっき投資しすぎたから倒産した……」「よっしゃ、工場を増築できた！」。起業家の気持ちを体験します。

● 実際に株式を売買してみよう！

実際に株式を取引しちゃいます！ 株式を購入して、どれだけ株価が上がったかを確認。儲けが出れば現金での「キャピタルゲイン」も!? どんな株式は値段が上がり、下がるのか。株のカラクリも知ることができます！

● 格差の現実は？

世界には格差がある。でも、それってどんなものなの？ 中国の農村部に暮らす子どもたちの生活ってどんなものなの？ 世界を100人の村にたとえて格差の現実に迫り、それがどのような影響を与えているのかについて考えます。

● 実際に「Kiva」を使ってみよう！

世界の困っている人を助けるサービス「Kiva」で、実際に支援します。遠くに住む外国人に直接会わなくても「いますぐにでも支援を始めることはできるんだ！」と実感する体験になること間違いなし！

● 小学5年男子のお母さん

息子が、冷静に現実的に投資をしていました。ふだん見られない子どもの姿に、驚きました。

息子が、思っていた以上に状況を見ながら冷静に投資し、現実的な考え方をすることに驚きました。日ごろインプットしていた知識を仲間と話すことでアウトプットできたことは、とてもいい機会となりました。

● 小学2年男子のお母さん

パパのすごさに気づいただけでもよかった。悔しがっているのが、いちばんの収穫です。

一見むずかしそうなテーマで、ここまで子どもたちが活発に意見を出しているのは、本当に楽しいのだなと思いました。主人が会社を経営しているのですが、息子は主人が何をしているかわかっていませんでした。しかし、1日目で「パパって、すごいね」。2日目も「パパに、あのことを聞いてみよう！」。それだけでもこの講習を受けてよかったと思います。本人は、グループの結果に納得していないようで、たいへん悔しがっていましたが、それこそが今回のいちばんの収穫です。

● 中学1年女子のお母さん

学生時代に起業したい娘にぴったりの授業。身をもって学べて、将来に役立つでしょう。

「大学在学中に起業したい」という夢を持つ娘にぴったりの講座で、定款などの実例や、会社を作るプロセスで実感が湧いたようです。ゲームを通して、借金と設備投資の関係を実際に学べたことは、将来役に立つと思います。実際に株を買う経験も初めての経験で、この先、「株を実際に買いたい」と言われる日も近いのではないかとドキドキしています。

● 小学4年女子・小学2年女子のお母さん

わが子には、楽しく学び、自ら考え、世の中を生き抜く力を身につけてほしいです。

人見知りの長女がすぐにとけ込み、意欲的に発言していたのが印象的でした。宝槻先生の子どもの好奇心を引き出す力のおかげです。私自身、楽しく勉強した経験がないので、わが子には楽しく学んで、自ら考え、これからの世の中を生き抜く力を身につけてほしいと思っています。子どもたちの大興奮には、びっくりでした！

算数発明 編

人類が長い年月かけて発明してきたドラマから、数学の魅力を知る探究です。

　算数（数学）の魅力は、問題が解ける達成感だけではない！ みんなも当たり前のように使っている「1・2・3……」といった自然数、少数や分数、メートルやグラムなどの単位、ひっ算の仕組み。こうした数学の世界に登場するさまざまなアイテムには、人類が長い年月をかけて発明してきた、知られざるドラマがあるのです！ そのドラマを知ることも、数学の魅力を受け取るためのすばらしい方法なのです！

　学校ではけっして習わない、数理科学の「歴史」をひも解く探究学舎ならではの算数の授業。なぜ足し算では「＋」という記号を使うのか？ 引き算では「−」という記号を使うのか？ そんなふとした疑問を持ったことはありませんか？ 算数のルールのひとつひとつに、さまざまな試行錯誤の「歴史」が刻まれています。その物語に触れたとき、何気なく使っていた数学の知識が、キラキラと輝いて見えるでしょう。

　算数が苦手な子も、好きな子も、いまいちやる気が出ない子も、算数の魅力に惹きつけられること間違いなし！

カレンダー、ひっ算の秘密、単位や時計が発明された経緯。舞台裏の感動の物語に触れます。

● 世界の人々はどのように計算をしてきたのか？

いまでは当たり前にある「ひっ算」ですが、いったいいつ、そのような方法が発明されたのだろうか？ 古代の人々はいまとは全然違う方法で計算をしていました。古代のさまざまな計算方法を追体験し、「ひっ算」のすばらしさを感じよう！

● cm, m, km…… Em……単位選手権！

私たちが覚えている単位は、実はたくさんあるほんの一部のよく使うものだけ！ 私たちの知らない単位が実はいっぱい。ヨタ (yotta) → ゼタ (zetta) → エクサ (exa) → ペタ (peta) → テラ (tera) → ギガ (giga) → メガ (mega) → キロ (kilo) → ヘクト (hecto) → デカ (deca)。いざ、単位博士に！

● カレンダーの秘密を解き明かせ！

なぜ1週間は日曜から始まるの？ なぜ1年は12か月なの？ なぜ1か月は30日や31日なの？ 毎日のように目にするものだけど、「カレンダー」には不思議がいっぱい！ いったい、どんな秘密があるのだろう？

● 時計発明の感動ストーリー！

時計の発明には感動のストーリーがあった！ 苦難の末に作り上げた時計は……!? 時計の発明の裏に隠された偉人の悩みや逆境に触れることを通して、一筋縄ではいかない「探究の道」を体験。偉人の名言が、いつかくじけそうになったときに背中を押してくれるかも……！

● 小学6年女子のお父さん

学ぶことは最高のあそびなんですね。
学びとあそびに境界線なんてないんですね。

学ぶことは最高のあそびなんだと思いました。そもそも学びとあそびの境界線なんて、子どもにはないんですね。大人こそ、つまらない学びにとらわれているんだと思いました。家でもあそびます！

● 小学5年女子のお母さん

学ぶことに一生懸命になるということは、
学びたいとということだと気づきました。

塾や習い事などまったく興味なく、今回も私が勝手に申し込みました。ところが帰り道には「あしたはやるぜ〜！」といった表情でお友だちと話が盛り上がり、単位当てクイズを夜11時ごろから二人で練習を始めてました。学ぶことに一生懸命になるとは、学びたいということなんですね。

● 小学5年男子のお母さん

古代、中世の人の発明、発見、知のバトンを
受け継ぎ、いまの技術があることに感動です。

受け身な授業ではなく、問いに対して「どうして？　なぜ？」を考

えてからの答えなので、印象づけられます。実際にエジプトの数字やシュメール数字を使用しためんどうな計算を体験するから、アラビア数字のすごさが身にしみたり。古代、中世の人が積み上げた発明、発見、知のバトンを受け継いで、いまの技術や発明、発見があるということ、その時代の最先端は不遇な目に合うことも多いけど、負けずに突きつめたからいまがあるということに感動しました。子どもも、そういうエッセンスを少しでも受けとって、これからの自分に生かしてほしいです。

● 小学4年男子のお母さん

不登校の息子があんなに楽しそうに学ぶ姿を見たのは、実は初めてです。

息子があんなに楽しそうに学んでいる姿を見たのは初めてでした（本人からも「学校のつまんねぇ授業より、よっぽど楽しかった」と言われました）。実は長男と小2の次男が不登校なので、長男の学びを見学して、何か心が動くことがあればというのが目的でもありました。カードやマインクラフト、漫画や動画を一人で見るのが好きな次男に、興味のある分野を楽しく学ばせてもらえる先生や場所に出会えるといいなと思っています。子どもがいちばん反応したのは、先生の話のおもしろさでした。こんなお話ができる大人がいる！ と思ってもらえただけでもよかったです。次回は、兄弟で参加できたらいいなと思っています。

「「驚きと感動」の種をまく授業とは？」

「世界は驚きと感動にあふれている。そのことに気がつくための好奇心の種をまくのが僕の仕事です」と宝槻代表は言います。では、なぜそのような塾をつくろうと考えたのか。子どもたちにどうなってほしいのか。お母さん、お父さんが最も知りたいことを聞いてみました。

解説インタビュー

編

―― いやあ、授業、ものすごくおもしろかったです！ 私も元素について昔学校で勉強した覚えはありますが、こんなに壮大なストーリーがあったなんて、初めて知りました。

　そうですよね。僕も化学を学校で勉強していた頃は、こんなにドラマチックな話だとは知りませんでしたし、僕自身も、もっと早く知りたかった！という気持ちです（笑）

―― 正直、こんなにも子どもがイキイキしている授業、初めてみました！ いわゆる学校の授業とはかなり違うという印象を持ったのですが、どのようなきっかけから、こういう授業を始められたのでしょうか？

　きっかけは大学時代の頃に感じた違和感だったと思います。小中高生の頃は「いい大学に入れば人生バラ色！」ぐらいに単純化してモノを考えていました（苦笑）。でも大学に入ると、みんな悩んでいることを知りました。「自分は何をやりたいのか？」「好きなことがわからない」と、将来明るいはずの学生たちが悩んでいる。将来のビジョンが不明確なまま、なんとなく就活戦線に放り込まれていく。
　そうやって人生が決まっていくプロセスを間近で見ていて、「教育って、このままでいいのかな？」と、漠然とした問題意識を持ちました。そこから既存の学校教育の課題を考えるようになり、同時に、学校とはまったく異なる原理で組み立てられた新しい教育が必要だと考えるようになりました。

―― なるほど。確かに私の周りでも、いい大学から大企業に入ったけれど「これって、自分がやりたいことか？」とモヤモヤを抱えながら仕事をこなす人もいるようです。こうした人たちが生まれてく

る背景に教育の課題があるとしたら、それはどのような課題でしょうか？

　一言でいえば個人の価値観の変化に教育が対応できていません。いまの個人は「安定」や「リスク」というものを考えながら人生を選択することもありますが、「好きなことを見つけてチャレンジしたい」というニーズがとても強くなっています。

　たとえば東大や京大を卒業後、せっかく安定した企業に就職できたのに、「自分がやりたいことは他にある」と考えて、簡単に辞めていく人も少なくありません。あるいは最初から、不安定かつ給料が低いベンチャー企業に勤めることもあるでしょう。「安定」や「世間体」だけではなく、「やりたいこと」「好きなこと」を大切にする価値観が一方で台頭してきているのです。

　「やりたいこと」「好きなこと」を大切にしたい個人を前に、教育が担うべき役割はなんでしょうか？　当然、ひとりひとりの「やりたいこと」や「好きなこと」を見つける＆育てるサポートを引き受けなければなりません。しかし、それができていない。むしろ、従来の価値観である「安定」や「世間体」を守ってあげる役割にいまもなお注力し過ぎている。

　具体的には、学力を上げること。学力が上がれば立派な進学ルートを辿っていくことができる。その先には安定した・世間体のいい仕事が待っている。従来はみんなそのように考えてきました。また将来役に立ちそうな能力を身につけることもそうです。英語力とか計算力とか。そういう諸能力を小さいうちから鍛えておけば、大人になったときに食いっぱぐれるというリスクを回避できる。そう考えてきました。

　もちろん、これは現代でもある程度通用する考えです。しかしそれにばかり注力しているようでは、個人の半分のニーズしか満たせ

ていません。時代の変化にともなって、新しく生まれた「好きなことを見つけたい」という個人のニーズ。このニーズに対応できていないことが現在の教育の課題です。その結果、勉強もできるし能力も高いのに、「やりたいことがわからない」とモヤモヤしながら過ごしている大人が生まれているのだと思います。

—— 個人の価値観が変わってきている背景には、何があるのでしょうか？

　大きな変化は働き方の変化だと思います。大昔は「好きなことを仕事にする」という感覚はほとんどなかったはずです。たとえば江戸時代は身分制社会ですから、仕事は生まれながらに決まっていました。農民の子は農業、商人の子は商業、というように。明治になって職業選択の自由が認められるものの、ほとんどの人が「家業を継ぐ」という人生でした。これは統計にも表われています。そして昭和になってようやく、家業を継ぐのではなく企業に就職して働く、という選択肢が一般的になりました。しかしそれでも「好きなことは趣味、仕事は稼ぎや安定」というのが日本人の常識だったろうと思います。

　つまり、いままでは「働く」ことに対しての選択肢が限られていた時代だったのです。それに対して現代は、働き方の多様化がすごいスピードで進んでいます。たとえば、「フリーランス」という働き方が登場しました。企業に就職するのでもなく、かといって起業して企業を率いるわけでもなく、身ひとつでさまざまなプロジェクトに参加しながら仕事を引き受けていくという働き方。あるいは「副業」という働き方も増えています。メインの給料は所属する企業からもらいつつ、週末だったり、あいた時間を利用して、自分が興味のある仕事に関わるという働き方も増えています。そして「転職」

という選択。これはほとんどの人が経験している、あるいはすることになるのではないでしょうか。自分の人生のステージに応じて、そのときやりたいことを選んだり、ふさわしい職場を選んでいく。

　つまり、以前と比べると圧倒的に働き方が多様化し柔軟化している。そういう時代が到来しています。そして同時に、そうしたチャンスを受けとって、「好きなこと」や「やりたいこと」にチャレンジする人も増えている。だって、単に仕事を生活の糧を得るための手段ととらえるより、仕事を通じて自己実現を達成するというほうがワクワクするからです。だから多くの人がチャレンジし、そして達成する人が生まれている。

　そういう人たちの生き方やチャレンジを目にして、若者や子どもも必然的に、「将来、自分もそうなりたい」と思うようになっているのでしょう。

—— 働き方の変化から生まれる価値観の変化。それを踏まえて、これからの教育はどんな役割を担っていけばいいのでしょうか？

　これからの教育の役割を考えるとき、個人のニーズや期待から考えるとわかりやすいと思います。具体的には親のニーズや期待です。教育を受けるのは子どもですが、選ぶのは親ですから、彼らのニーズや期待を理解することが大切です。

　僕は講演会で話をするとき、冒頭に必ずこういう質問をします。「子どもの将来に期待することは何ですか？」と。もうすでに、全国の数千人以上の親に聞いてまわったと思いますが、だいたいこういう回答が返ってきます。「自分の頭で考えてほしい」「精神的にも経済的にも自立してほしい」「将来メシが食えるようになってほしい」「どんなところでも生きていけるようになってほしい」「好きなことをやってほしい」などです。

親もさまざまな経験や価値観を持っていますから、それぞれのニーズや期待は微妙に異なります。でも同じ時代の変化を味わいながら子育てをしているからこそ、お互いに共感できること、共通していることも多いのが事実。だからニーズや価値観は集約すると2つになると思っています。それが「社会の中で自立してほしい」と「好きなことを見つけてほしい」という期待です。

「自立してほしい」という期待は、百年前の親も百年後の親もおそらく普遍的に抱いている期待と言えます。時代が変わっても、いまの社会でちゃんと自立してほしい、そういう期待は変わらないでしょう。一方で、「好きなことを見つけて」という期待は違います。先ほども述べたように、江戸時代の親はわが子にそんなことを期待していません。明治も同様。昭和になってようやく出てきますが、それでも「ミュージシャンになりたい」「画家になりたい」なんて言いだせば、「現実を見ろ！」と叱ったでしょう。やはり安定や世間体を重視していた。

つまり現代の親は、普遍的な期待としての「自立」と、新しい期待としての「好きなこと」と、二つの期待を抱いているわけです。そしてこの自立という期待は「適合」と言いかえることができ、「好きなこと」という期待は「創造」と言いかえることができます。

適合というのは、世の中のルールや規範にちゃんと適合して生きなさい、という働きかけで、「宿題しなさい！」「早く寝なさい！」「ちゃんと学校行きなさい！」というのは全部、この適合という子育ての原理から出てくる言葉です。箸は右手で持つから始まり、書き順通りきちんと漢字が書けるようにまで、しつけからトレーニングまで、親は子どもに適合を促します。そして適合がうまくいけば、わが子は将来ちゃんと自立できる、そういうふうに考えています。

もうひとつの創造は、あなたらしく自分の個性や得意を生かして生きていきなさい、という働きかけです。象徴的なストーリーで言

えば、さかなクンのお母さんの話でしょうか。小さい頃から魚が大好きなわが子。水族館に連れて行ったり魚の料理を作ったり。学校の先生に心配されようとも（適合を促されようとも）、「うちの子はあれでいい」といって先生をも突き放す（創造を貫く）。そうやって育てられたのが、さかなクンという創造教育のシンボル的存在です。こんなふうに、好きなことを活かしてのびのびと育てたい、そうすることでわが子は将来幸せになれる、そんなふうに考えています。

　ちなみにこの「適合と創造」というのは、どっちかを選ぶということではなく、現代の親はほぼ必ずこの二つの期待を胸に秘めていて、さらに言えば、車の両輪のような関係で二つの期待を実現したいと思っているわけです。

　ではそんな親を前にして、学校や塾といった教育機関はどんな価値を提供しているかといえば、それは「適合のパートナー」という役割を担っていると整理できます。しかし、「創造のパートナー」ではありません。だから、親からすると十分に満足できない訳です。これだけでは十分ではないと。でも世の中を見渡しても、なかなか「創造のパートナー」が見つかりません。ここに、これからの教育業界の発展のチャンスがある、僕はそう考えています。

── ということは、探究学舎は「創造のパートナー」になろうとしているのでしょうか？

　そうですね。実は探究学舎を設立した当初は、僕自身もこんなふうに考えを整理できていませんでしたし、自分の役割もハッキリとは自覚できていませんでした。しかし、いろんな授業をトライしていくなかで、子どもや親から教えてもらったというのが適切かもしれません。「宝槻先生にはこういう授業をしてほしい！」「こういうのをやってほしい！」。そういう声を受け取りながら、少しずつビ

ジョンが見えてきたり、スタイルが確立されてきた、というのが正直なところです。

　なので昔は適合の働きかけ、具体的には宿題を管理したり、学力を伸ばしたり、受験をサポートしたりと、そういうこともやっていたのですが、いまは完全に創造に振りきっています。創造のプロフェッショナルになればいいじゃないかと。それはビジネスチャンスがどうこうということもありますが、それよりも創造一本で教育ビジネスが成立するという事実を作り、既存の塾業界にインパクトを作ることが大切だと思っているからです。

　というのは、既存の塾業界は「成績アップまたは進学実績を上げないと集客できない」という神話に染まっていて、それ以外の教育ビジネスを開拓しようという気概に欠けている節があります。もちろんやる気のある経営者もたくさんいますが、どこかでいままでのビジネスモデルに思考が縛られてしまうのです。僕も探究学舎をやりながら、かなり頻繁に叩かれました（笑）。そんなことできるわけないと。そうやって塾業界全体で適合教育にとどまっている、そういう見方も成立すると僕は考えています。

　でも塾というビジネスは、教育指導要領とかそういった縛りがあるわけではないから、本来いろんなチャレンジをできるわけです。「うちは成績は上げません！　でも好きなことを見つけます！」。そういう塾があってもいいわけです。だから僕は、まず自分がそういう挑戦を実現させて、その上で、全国のやる気のある経営者と一緒に教育業界を変えていけたらと思っています。

　さらにここで重要だと思っているのが「集合知」という考えです。

　「創造のパートナー」になるためには、具体的な技術が必要です。どうすれば目の前の子の好きなことを見つけられるのか？　どうす

ればそれを育てられるのか？ そういう問いに対しての知見、そして技術が求められます。たとえばそれは「適合のパートナー」である塾に、目の前の子の成績をあげたり志望校に合格させたりするための知見や技術が求められるのと同じことです。

　ところが適合の技術というのは、数十年、もっといえば数百年にわたって研究されてきていますから、みんなわかってるわけです。どうすれば規範や道徳意識が身につくのか、どうすれば読み書きをマスターできるのか、どうすれば英会話が上達するか、そうした知見や技術はすでに蓄積されています。しかし、創造の技術については何も蓄積されていません。なぜならこの社会で、それ以前にこの課題が存在しなかったから、誰も取り組んできていないのです。もしかすると個人レベルではあるかもしれません。でもそれは社会的知見とは呼べません。要するに、どうすれば教育機関が「創造のパートナー」になれるのか、どうすれば親がわが子の創造を促すことができるのか、そのためのアイデアやノウハウがみんなわからないのです。

　だからこそ、みんなで協力し、試行錯誤しながら探っていくしかありません。まさに探究です。その子の資質や得意を見つけて、それを伸ばす具体的なサポートをする。しかも効率的な方法で。その方法が社会の隅々にまでいき届くようになったとき、本当の意味での教育改革が実現されるのではないでしょうか。

―― 宝槻さんが探究学舎で試行錯誤を続けるなか、創造を促すために必要なアイデアやノウハウについて、これまでどんな発見がありましたか？

　僕自身は創造教育には三つの段階があると思っています。入門編・中級編・上級編の三つです。入門編は、小学生ぐらいの頃に

「好きなことは何だろう？」といろんなことにトライして好きなことを見つけるプロセスです。中級編は、中高生ぐらいの頃にその好きなことをとことんやってみるというプロセスです。たとえば宇宙に心が惹かれるのなら、実際に望遠鏡を買って観察しまくるとか、NASAに行ってみるとか、とことんやってみるという学びです。そして上級編は、実際のプロフェッショナルの弟子になるというプロセスです。インターンなのか弟子入りなのか、はたまた大学の研究室がそれにあたるのか、具体的にはわかりませんが、そういう三つのプロセスを経て「さかなクンのような若者」が育っていくというイメージがあります。

そういうふうに創造教育を三つのプロセスに区切ってみたとき、僕がやっているのは入門編です。子どもという畑にとにかくたくさんの種をまく、というアプローチです。

まだ芽が出ていない子どもたちは何が得意なのか、どんな可能性があるのか、自分で自分をわかっていません。そういう子にとっての関心事は「自分という畑にあう種はどれだろう？」ということです。ではどうすれば種は見つかるのか？ 僕の答えは、「手当たり次第の種まき」です。太古の時代の農業にヒントがあるのですが、大昔は、ともかく目の前の土地に持ってる種を全部まいたそうです。しばらくしてから作物が実ったら、この畑にあう種はこれか！ と体験的にやっていたそうです。これと同じ原理で種まきをやればいいと思っています。だから探究学舎では、元素だけでなく、宇宙や歴史、生命や医療など、さまざまな種をまけるようになるために、レパートリーを広げ続けています。

たくさんの種を受け取ってもらい、その中から二つか三つ、芽が出るでしょう。これかもしれない！ と。そうなったら次のステップ。探究学舎が入門編しかやっていなければ、卒業してもらって、今度は中級編の教室で必要な学びを受け取ってもらう。そんなふう

にして、まかれた種が満開の花を咲かせてくれたら素敵ですね。

—— 子どもという畑に創造の種をまく、わかりやすいですね。では最後に、その種まきのコツを教えてください。

　種まきにおいて最も重要なことは、「子どもの口から『わあ！ すごい！』という言葉を引き出す」ということです。子どもだけに限らず大人も含め、「わあ！ すごい！」と驚いたり感動したりしたことこそ、「もっと知りたい！」「やってみたい！」という情熱が湧いてくるものです。

　なぜ少年はサッカー選手になりたいと言うのか。それはきっと一流選手のプレーを見て、そこに驚きと感動を感じたからなのです。なぜ少女は歌手になりたいと言うのか。それはきっと一流歌手の歌声を聴いて、そこに驚きと感動を感じたからなのです。人が、好きなことを見つけたり、夢を抱いたりする瞬間には、そこに驚きと感動がある。そう、種をまくとは、「驚きと感動の種をまく」ということなのです。

　この世界には私たちが知らないだけで、たくさんの驚きと感動が埋まっています。今回の元素編の授業を読まれたみなさんも、たくさんの驚きと感動を受け取ったのではないでしょうか。元素だけではありません。農業にだって、テクノロジーにだって。ひとつひとつの分野やテーマに、無数のヒューマンドラマと挑戦の歴史、そして驚きの発見が埋まっているのです。そのひとつひとつを掘り起こして、子どもという畑にまいてあげたい。その種が芽を出し花開き、やがてはその子が次の世代の挑戦者として、この世界になにかひとつ足してくれることを期待したい。そういう情熱を胸に、今日も僕は種をまきつづけます。

おわりに

　好きなことを見つけてチャレンジしてほしい。その期待を実現するために、探究学舎は「創造教育」という新しい領域に挑んでいます。その際、大切にしているのは「**驚きと感動の種をまく**」というコンセプトです。この世界に秘められた、驚きと感動のストーリーに触れて、「知りたい！」「やりたい！」という気持ちを高めてほしい。そう思っているからです。

　このコンセプトを実践するにあたり、私たちがとくに大切にする哲学があります。それは「**自然の神秘と人類の英知にまつわるストーリー**」を種にこめる、という哲学です。

　元素編のストーリーを思い出してみてください。自然界を構成するものは元素であり、その元素の構造、つまり原子の姿はシンプルで美しい法則によってつくられているという事実には驚かされます。そして人類はその知識をヒントに、自分たちでも元素を作れないかと試行錯誤を始め、人工元素という新しい領域を開拓しました。人類がいまつくっている人工元素はとても壊れやすいため、まだ新素材として実用化されるまでには至っていません。でもいずれそういう未来がやってくるかもしれません。そうなれば、それは新たな人類の英知として歴史に刻まれ、人類の前進に貢献するでしょう。

　私たち人間は歴史を通じて、「自然の神秘」に驚き、それをヒントに「人類の英知」を積み重ねてきました。蒸気や電気というエネルギーを活用したり、コンピューターやロケットという技術を発明し

たり、人々は長い年月を経て自然の神秘を解き明かし、人類の英知を積み重ねてきました。この継承を、私たちは**「知のバトンリレー」**と呼びます。このバトンリレーがあるからこそ、人類は前進し続けることができるのです。

　そんな壮大なストーリーとともに、宇宙や生命、歴史や経済を学ぶことができたら。そこに「わあ！　すごい！」という驚きと感動を感じることができたら。

　きっと子どもたちは「僕も何かひとつ加えたい！」「私もバトンを受け取って走りたい！」。そんなふうに思ってくれるのではないか。「好きなことを見つける」にプラスして、「バトンを受け継いでフロントランナーになる」という目標も掲げてくれるのではないか。

　ひとりひとりの子どもたちの挑戦が、人類を前進させるエネルギーとつながっている。その手応えを感じながら、成長することができる。「探究」という学びが目指すのは、そんな未来です。

平成三十年一月　宝槻泰伸

宝槻泰伸（ほうつき・やすのぶ）

探究学舎代表

高校も塾も行かずに京都大学に進学、という特異な経歴を持つ。大学卒業後すぐに起業。映画や漫画、小説、キャンプなどから縦横無尽に学んだ経験を活かし、小学、中学、高校、大学、教育委員会、PTA、職業訓練校、民間企業など、様々な場所で講師としても活躍。幅広い年齢層に対して提供する授業や研修は、世代を問わず聴衆を惹きつける魅力が評判。現在は、探究学習を柱とした教室「探究学舎」の代表を務めながら、出張授業を通して探究学習を全国に届けている。その教育手法は、雑誌・新聞・テレビなど多くのメディアで紹介されている。出演番組『NHKニッポンのジレンマ』。著書に『強烈なオヤジが高校も塾も通わせずに3人の息子を京都大学に放り込んだ話』（徳間書店）、『京大3兄弟ホーツキ家の「掟破りの教育論」とんでもオヤジの「学び革命」』（小学館）、『勉強嫌いほどハマる勉強法』（PHP研究所）。5児の父。

探究学舎 » http://tanqgakusha.jp

探究学舎のスゴイ授業

子どもの好奇心が止まらない！

能力よりも興味を育てる探究メソッドのすべて　元素編

2018年2月23日　第1版第1刷発行
2019年4月 1 日　第1版第2刷発行

著　者　宝槻泰伸

発行人　宮下研一

発行所　株式会社方丈社
　　　　〒101-0051
　　　　東京都千代田区神田神保町1-32 星野ビル2階
　　　　tel.03-3518-2272／fax.03-3518-2273
　　　　ホームページ http://hojosha.co.jp

印刷所　中央精版印刷株式会社

方丈社の本

注文をまちがえる料理店のつくりかた

小国士朗・著　森嶋夕貴・写真

奇跡の三日間をつくったのは、認知症を抱える人たちの笑顔でした。

2017年9月、東京・六本木に「注文をまちがえる料理店」が3日間だけ、オープンしました。ホールスタッフのみなさん全員が認知症を抱えるこの料理店は「注文をまちがえるかもしれない」人たちが注文を取ります。だけど「まちがえたけど、まあいいか」という、まちがいを受け入れる、やさしさに満ちた料理店でもあります。本書は、そんな店で起きた、数えきれないほどの笑顔や涙、てへぺろな奇跡を再現したドキュメントフォトブックです。

四六判オールカラー　360頁　定価：1,600円＋税　ISBN：978-4-908925-21-4